二战风云
震撼博览

史诗巨著
全彩呈现

将星纵横

第二次世界大战著名将领

胡元斌 严 锴 主编

台海出版社

前言 PREFACE

　　1937年7月7日，驻华日军在卢沟桥悍然向中国守军开炮射击，炮轰宛平城，制造了震惊中外的"七七事变"，中国的抗日战争全面爆发。1939年9月1日，德国入侵波兰，第二次世界大战正式开始。1945年9月2日，日本签署投降书，第二次世界大战宣告结束。

　　这是人类社会有史以来规模最大、伤亡最惨重、造成破坏最大的全球性战争，也是关系人类命运的大决战。这场由德、意、日法西斯国家的纳粹分子发动的战争席卷全球，世界当时人口总数的80%的20亿人口受到波及。这次世界大战把全人类分成了两方，由美国、苏联、中国、英国、法国等国组成的反法西斯同盟国与由德国、日本、意大利等国组成的法西斯轴心国，进行对垒决战。全世界的人民被拖进了战争的深渊，迄今为止这是人类文明史上绝无仅有的浩劫和灾难。

　　在这场大战中，交战双方投入的兵力和武器之多、战场波及范围之广、作战样式之新、造成的损失之大、产生的影响之深远都是前所未有的，创造了许多个历史之最。

　　第二次世界大战的胜利具有伟大的历史意义。我们历史地、辩证地看待这段人类惨痛历史，可以说，第二次世界大战的爆发给人类造成了巨大灾难，使人类文明惨遭浩劫，但同时，第二次世界大战的胜利，也开创了人类

历史的新纪元，给战后世界带来了广泛而深远的影响。促进了世界进入力量制衡的相对和平时期；促进了一些殖民地国家的民族解放；促进了许多社会主义国家的诞生；促进了资本主义国家的经济、政治和社会改革；促进了世界科学技术的进步；促进了军事科技和理论的进步；促进了人类认识史上的一场伟大革命；促进了世界人民对和平的深刻认识。

第二次世界大战的胜利也是世界人民反法西斯战争的胜利，成为20世纪人类历史的一个重大转折，它结束了一个战争和动荡的旧时期，迎来了一个和平与发展的新阶段。我们回首历史，不应忘记战争给我们带来的破坏和灾难，以及世界各个国家和人民为胜利所付出的沉重代价。我们应当认真吸取这次大战的历史经验教训，为防止新的世界大战发生，维护世界持久和平，不断推动人类社会进步而英勇奋斗。

这就是我们编撰《第二次世界大战纵横录》的初衷。该书综合国内外的最新研究成果和最新解密资料，在有关部门和专家的指导下，以第二次世界大战的历史进程为线索，贯穿了第二次世界大战的主要历史时期、主要战场战役和主要军政人物，全景式展现了第二次世界大战的恢宏画卷。

该书主要包括战史、战场、战役、战将和战事等内容，时空纵横，气势磅礴，史事详尽，图文并茂，具有较强的历史性、资料性、权威性和真实性，非常有阅读和收藏价值。

将星
纵横

目录 CONTENTS

第二次世界大战著名将领

将星纵横

第 二 次 世 界 大 战 著 名 将 领

蒙巴顿

　　路易斯·蒙巴顿，英国海军元帅。第二次世界大战爆发后，1941年10月被任命为联合作战总部负责人，筹划两栖登陆作战。1942年，指挥英国海军袭击驻法国和挪威港口的德国海军。1945年年初，指挥盟军开始反攻缅甸，经过曼德勒、敏铁拉等激战，于5月初收复仰光。9月，在新加坡接受东南亚日军投降。

欧战爆发
勇斗德国潜艇

1900年6月25日，路易斯·蒙巴顿出生在英国温莎的王室家庭，是巴登堡的路易斯亲王与维多利亚公主的儿子。

1913年9月，蒙巴顿入奥斯本皇家海军学校学习。1914年末，因达特茅斯皇家海军学院的高年级学员提前毕业参战，蒙巴顿和他的海校同学转入该院学习。

1916年7月，海军军官候补生蒙巴顿奉命前往贝蒂上将的旗舰"雄狮号"报到。"雄狮号"是当时皇家海军中第一流的军舰，也许是由于其皇室背景，也可能是因为海军对路易斯亲王的尊敬，促成了这个对蒙巴顿非常有利的分配。

1918年，蒙巴顿转役K-6潜艇。时隔不久，蒙巴顿晋升为海军中尉，奉命指挥皇家海军舰艇P-31号。1919年，蒙巴顿离开心爱的舰艇，奉命进入剑桥大学切斯特学院补习大学课程。

1920年3月，蒙巴顿晋升为海军上尉。1925年，进入格林尼治皇家海军学院深造。结业后，任地中海舰队通讯军官。1931年，蒙巴顿被任命为地中海舰队无线电联络官。1932年晋升为海军中校。

1934年，蒙巴顿就任新建造的"勇敢号"驱逐舰舰长。"勇敢号"的设计航速是36节，但他设法使它开到了38.2节。

不久，"勇敢号"与整个驱逐舰队远航至新加坡，蒙巴顿转任"威斯哈特号"舰长。在此期间，蒙巴顿完成了一项发明——一种能使舰队保持队形的仪器。

1936年，蒙巴顿离开了"威斯哈特号"，前往海军部任职。

1937年，蒙巴顿晋升为海军上校。1939年年初，被任命为"凯利号"驱逐舰舰长。

1939年8月23日，蒙巴顿以舰长的身份正式接收"凯利号"，并亲自在舰上升起了皇家海军军旗。

蒙巴顿早就断定欧洲大战会再度爆发。

9、10月间，"凯利号"与德国潜艇进行了残酷的战斗。它共击中了9艘德国潜艇，其中确定击沉1艘，其他几艘的毁伤情况不明。

11月下旬，"凯利号"奉命出海搜寻一艘德国U型潜艇。蒙巴顿提出港口可能已被德国人布下了水雷，但他的意见未被重视。当"凯利号"全速驶向一艘正在燃烧的油轮时，一枚水雷撞上了螺旋桨爆炸。

在"凯利号"维修期间，蒙巴顿带着参谋人员到第五驱逐舰队的"卡尔文号"上继续战斗，直至1940年2月"凯利号"修复完毕。

1940年5月，"凯利号"奉命与"伯明翰号"巡洋舰一起出航，在靠近海岸的北海水域搜捕德国布雷艇和一些E型艇（鱼雷快艇），

蒙巴顿

途中"肯达华号"等新型驱逐舰加入搜捕编队。5月14日夜，"凯利号"被德国鱼雷击中了。

不列颠之战开始后，虽然"凯利号"正在维修，因而没经历英国这段黑暗的时刻，但蒙巴顿却在此后不久打了一场他一生中受批评最多的海上战斗。

9月，蒙巴顿临时受命指挥第五驱逐舰队的"标枪号"等3艘驱逐舰，此时第五驱逐舰队驻泊在朴茨茅斯，处于英国防线的最前沿。

11月29日5时40分，"标枪号"驱逐舰的雷达屏幕上出现了5艘德国军舰，蒙巴顿立即率领"标枪号"等3艘战舰出海迎敌。

在距德国军舰约900米时，"标枪号"进行边舷侧炮火齐射，未命中。紧接着蒙巴顿亲自校正位置，又组织一次炮火齐射，命中德军旗舰。

但就在蒙巴顿下令发射鱼雷的话音未落之时，两枚德国鱼雷先后击中了"标枪号"，使它失去了战斗力，随即德舰便释放烟幕撤出了战斗。

战斗结束后，蒙巴顿受到了各种各样的指责，但这次挫折并没有影响到他的功绩。

1941年元旦，蒙巴顿被授予优异服务勋章，除了维多利亚十字勋章之外，这是对军人勇敢精神的最高奖励。

1940年12月15日，"凯利号"重返第五驱逐舰队。1941年4月，"凯利号"第五驱逐舰队离开朴茨茅斯，前往地中海。"凯利号"所驻泊的港口距西西里半岛上的德国空军机场只有150多千米。

5月初，"凯利号"奉命袭击驻泊在本华兹港内的德国舰船。在夜暗的掩护下，"凯利号"悄悄驶到港内防波堤的出口处，由于事先已将舰炮的方位设置好，因此几次突然齐射便击沉了港内大部分德国舰船，然后在德军岸防部队作出反应之前，迅速撤出。

1941年5月20日，德军对克里特岛发起了海空协同进攻。21日晚，蒙巴顿率"凯利号"随第五驱逐舰队出航迎战。

23日上午，"凯利号"遭到德军大批飞机轰炸并被击中沉没。

10月，蒙巴顿晋升为海军准将，负责指挥英军两栖联合部队。此时的蒙巴顿刚刚40岁出头，军衔也不高，突然提拔到白厅，让白厅的当权者无法接受。这也让蒙巴顿吃过不少苦头。

1942年3月，蒙巴顿被授予海军中将、陆军中将和空军中将的军衔，成为英军历史上第一个同时获得3个军种军衔的将军。

8月，蒙巴顿指挥联合作战部队对法国北端濒临拉芒什海峡的迪耶普展开进攻。从结果看，这毋庸置疑是一次失败的军事行动。

参加迪耶普行动的6000余人中，被消灭、负伤和失踪者共有3600余人，约占60%，而行动前的预计是10%~20%。更糟糕的是，参战的加拿大官兵总共近5000人，而伤亡、失踪人员达3300余人。

对这次失败，蒙巴顿在当时和后来都没公开指责任何人，也没有逃避自己应负的责任。

晋升上将
发动英帕尔战役

1942年11月8日，也就是迪耶普之战的两个多月后，"火炬"行动拉开了帷幕。

"火炬"行动要求英美部队同时在阿尔及尔和摩洛哥登陆。蒙巴顿是制订该作战计划的关键人员，因为人们认为他是关于登陆作战的首席专家。

"火炬"行动取得了巨大的成功，几天之后，英美军队便控制了阿尔及利亚和摩洛哥的一些战略要地。

西西里岛战役于1943年7月9日打响。盟军在马耳他岛东西两侧集结部队，海滩防线很快就被冲破摧毁，防守海岸的意大利部队几乎一枪未放就瓦解了。11日，蒙巴顿与蒙哥马利一道随后续部队踏上了西西里岛。

从1943年8月14日开始，英美首脑在加拿大魁北克会谈。经过一番激烈争论，会谈通过了代号为"霸王"的战略计划，规定盟军于次年5月1日在诺曼底登陆。另外，还计划了一次在法国南方土伦和马赛附近登陆的辅助性战役，代号为"铁砧"。

8月31日，蒙巴顿出任盟军东南亚战区最高司令官，晋升为战时海军上将。

作为东南亚战区总司令，蒙巴顿自然想要在这里建功立业，而丘吉尔则从"欧洲第一"的观点出发缚住了他的手脚。他感到与首相的关系疏远了，自己已渐渐失去了丘吉尔全心全意的支持。

1943年岁末，白厅电告蒙巴顿，在印度停泊的5艘大型坦克登陆舰，其中有3艘不准他动用。

1944年1月7日，参谋长委员会来电命令他取消在东南亚战区所有的两栖攻击行动，并将所有的登陆器材转运至欧洲。稍后，蒙巴顿甚至接到了将大部分25磅以上的炮弹也运往欧洲战区的指示。

驻缅日军为实施在缅西南沿海地区的攻势作战，于1944年1月专门组建了第二十八军。军司令官由樱井省三担任，下辖第二、第五十四和第五十五师团。

这3个师团中，第二师团是在瓜岛作战遭美军重创，后又在菲律宾重建的部队；第五十四师团是上一年在日本国内新组建的所谓"特设师团"；只有第五十五师团是一支老部队。

缅甸若开前线的英第十五军由3个师组成：即英国第五师、第七英印师和第八十一西亚师。军长为克里斯蒂森中将。

为了加强这个军的指挥力量，蒙巴顿调换了几名师级指挥官，其中经伦敦同意，将英军与意大利军队在埃塞俄比亚多洛戈罗要塞之役的英雄弗兰克·梅塞维少将，调来任第七英印师的师长。

若开地区的战火刚刚平息10余天，3月8日，日军第十五军所属的3个师团及配署部队的近10万法西斯官兵开始越过亲敦江攻入印度境内，揭开了英帕尔战役的战幕。在日本大本营的作战序号中，英帕尔战役被命名为"乌号"作战。

当3月8日牟田口的先头部队渡过亲敦江向英帕尔打来时，蒙巴顿由于意外，左眼严重内出血，正在医院住院。但是，来自英帕尔的消息使他心急如焚。他不顾医生的劝阻，毅然离开医院，飞抵卡米拉的斯利姆指挥部。

听了集团军司令斯利姆的汇报，蒙巴顿把在亲敦江以西沿边境进行防御的部队，撤至英帕尔附近高地上来组织防御。据战后日本防卫厅的战史专家称："这一政策正中日军要害，而牟田口中将恰恰没有看出这一点。"

通常所说的英帕尔战役，除围绕英帕尔一地进行的一系列战斗外，还包括在英帕尔以北的科希马和乌科鲁尔地区英日双方展开的激烈战斗。

3月8日，佐藤幸德率领第三十一师团乘木筏和小船陆续渡过亲敦江。在

唐都和霍马林一带休整后，即分成3个纵队向科希马挺进，进攻乌科鲁尔，夺取这个通往科希马的交通要道。

斯利姆将这一危急情况报告给蒙巴顿，蒙巴顿立即从第五师和第七英印师中抽调部队前去增援，并命令直辖的第三特种突击旅作好战斗准备。

另外，命令此时尚驻在印度境内的"钦迪"第二十三远程突破旅前去掩护利多，令英第二师从印度内地火速赶来。

经过激战，到5月13日，在贾伊尔山上残余的日军阵地也被英印士兵占领。日军佐藤幸德率部向补给地撤退。

蒙巴顿接到科希马战线的日军有撤退迹象的报告后，命英第二师和第七英印师陆续向马奥集中，然后进而夺取乌科鲁尔。

6月22日，两支队伍好比钢钳的两只钳牙，在科希马公路的109里程碑处将日军钳住。乌科鲁尔这场堵截仗结束后，驻缅方面军司令官河边正三向此时已迁到马尼拉的日本南方军总司令部和东京大本营提出了请求停止"乌号"作战的报告。

南方军总司令官寺内寿一接到河边正三的报告，随即与东京联系，大本营经几次磋商后同意了他们的请求。

7月2日午夜，寺内寿一发布了停止"乌号"作战的命令，由驻缅方面军向第十五军进行传达。

盟军情报人员获悉日本南方军总部下达的全线撤退命令后，立即报告给战区总部，蒙巴顿当即指示斯利姆的第十四集团军7个师开始全面追击作战。虽然日第十五军渡过了亲敦江，但损失惨重。

英帕尔战役日军惨败后，驻缅日军首脑十分清楚，随着日本在太平洋战场上塞班、关岛、提尼安等战役中的失利，"缅甸的战略地位，对大本营来说，已失去了政治战略指导上的积极意义。只不过是泰国、马来、印度支那半岛西面的防壁而已。然而，防守缅甸的价值并未失去，因为它占有能够扼制盟军企图沿孟加拉湾向马来半岛的头部和新加坡方向进攻的英印军锋芒的地位。"

于是，新上任的日本驻缅甸方面军司令官木村兵太郎，根据南方军总司令部的指示，于1944年9月底拟出守缅甸的作战设想：针对蒙巴顿的英印军队，实施"盘作战"和"完作战"。对向曼德勒附近及该地以南伊洛瓦底江畔下正面来攻之英印军的作战称为"盘作战"；对向印度洋沿岸正面来攻之英印军的作战称为"完作战"。

10月下旬，日本情报机关已侦知盟军确立了由陆路进攻缅甸的战略。于是，木村立即召集第十五军、第二十八军、第三十三军各参谋长及作战主任到仰光，就方面军今后的作战构想，特别是"盘作战"指导要领，进行了研究。

与此同时，蒙巴顿决定英印部队首先强渡亲敦江，并在那里建立桥头堡，然后再南下进攻仰光。

11月10日，斯托普福德将军指挥的第三十三军在亲敦江西岸完成攻击部

战场上的士兵 ▼

署。阿萨姆团的一个突击营向江对岸发起冲锋，顺利登上了东岸。

接着，该军的第二十师主力也陆续渡过了亲敦江，并占领了莫莱。与此同时，第十一东非师在英国皇家空军准确无误的空袭支持下，沿着亲敦江西岸幽暗的加包山谷向加里瓦打去。

12月10日，印度工兵在亲敦江上迅速架起了桥梁，使第十四集团军的各主力师得以开过对岸。

梅塞维的第四军，包括第七英印师、第十九英印师和第十七英印师。后来，集团军直辖的第五英印师也归梅塞维指挥。蒙巴顿给梅塞维的命令是：跨过亲敦江后进入瑞波平原，与日本第十五军驻守在那里的师团进行决战，并夺取日本人在耶乌—瑞波地区的各重要机场。这一战要打得既快又狠。

梅塞维部队渡过亲敦江后，遵命向东冲击。4天之后，他们又占领了英多西北部的班毛，并同从北部挥戈南下的英第三十六师会合，向瑞波平原逼近。

可是木村兵太郎并不想在这块宽阔的平原上决战。

蒙巴顿便与斯利姆研究制订了一个新方案：

斯托普福德的第三十三军从北面向曼德勒施加压力，去占领伊洛瓦底江上的渡口。

梅塞维的3个师要从吉灵庙向正南进发，尽可能悄悄地直插密沙河流域，然后从甘高向东南推进，在本各附近的伊洛瓦底江下游占领一个渡口。目的是越过日军守卫曼德勒部队的后方，在敏铁拉附近建立一个战略性屏障，从而封锁他们径南向仰光的退路，并截断来自仰光的补给。最终将日本第十五军歼击于曼德勒—塔泽—稍埠—敏建地区。

新方案开始实施。梅塞维的部队在深入的侧翼包抄行动时，秘密穿过丛林密布的甘高山谷，并在帕科库出其不意地强渡伊洛瓦底江。然后，利用装

甲部队和空降部队风驰电掣般挺进，直逼东南面敏铁拉日军重要基地。

盟军许多高级军官乘坐的指挥车仍在假军部里进进出出，日军谍报人员仍以为梅塞维和他的军司令部逗留在达木。

一切就绪，即将行动。但就在这时，75架美国运输机却被突然抽调到云南，因为中国军队在广西面临着日军猖狂进攻。

蒙巴顿为此向美国方面提出抗议，说这些飞机都已装满了运给先头部队的补给品，而梅塞维这次向敏铁拉的远距离穿插是以空运补给为基础的。

但抗议没有奏效，大部分飞机还是被调走了。于是，梅塞维必须沿着一条雨季无法通行的坎坷不平的土路，从达木到帕科库冒险行军700千米。

这条土路本是供老百姓的牛车通行的，而现在要通过的部队却达3个师之多，还有重型坦克、大炮和其他车辆。好在工兵部队于15天之内，紧急加宽、加固了这条土路的三分之二路段，使重型装备得以勉强通行。

然而，由于美国的运输机被猝然抽调走，直至1945年1月底前后，梅塞维的部队才陆续抵达了伊洛瓦底江岸地区。

这条江是缅甸的主要河流，虽然江水当时处于最低水位，但是开阔松软的沙洲却形成了另一道险障。尽管地势非常不利，梅塞维还是采取在色漂佯装渡江，偷渡成功。

1945年3月1日，蒙巴顿得知敏铁拉还未拿下，非常气恼，便要斯利姆亲自飞抵前线指挥。斯利姆到现场后，在该城北面集中兵力发起攻势，最终占领敏铁拉。

下一步就是夺取曼德勒。其实，就在木村兵太郎调兵力反扑敏铁拉的时候，蒙巴顿已将尚能调用的兵力统统投入到了曼德勒外围，伺机拿下曼德勒。

3月20日，英军完全占领了曼德勒。接下来的目标是攻占仰光城。

蒙巴顿虽然打开了仰光的大门，但雨季即将来临，必须迅速攻克仰光。

梅塞维的第四军在和时间的赛跑中，还是输给了雨季。于是在5月1日，蒙巴顿下令实施对仰光的两栖登陆计划。

其实，在此之前，蒙巴顿就已经考虑梅塞维部队被雨季阻滞的可能性，因此他从驻吉大港至若开一带的克里斯蒂森的第十五军中，抽出一个师的兵力执行两栖登陆任务，这个师将配署一个中型坦克团和一个伞兵营，并紧急搜寻了一些登陆艇集结待命。

5月1日，英军在发动两栖登陆之前的几个小时，蒙巴顿令空军飞越仰光上空进行侦察，发现日军已经逃之夭夭了。然而，登陆计划继续实施。

2日，执行登陆任务的伞兵营和两栖部队合为一路。在未遇任何抵抗的情况下进入仰光城。

5月6日晨，从勃固南下的梅塞维的第四军先头部队，也终于开进了仰光。

日本投降
受封"缅甸伯爵"

夺取缅甸之后的下一个重大步骤是进攻马来半岛及其新加坡。为此，热衷于制订计划的蒙巴顿又推出了取名为"拉链"行动的作战计划。"拉链"行动将成为蒙巴顿作为最高统帅期间事业上的顶峰。

关于这次行动，蒙巴顿起初时曾设想过在进攻马来半岛之前先占领位于暹罗湾西海岸的一座名叫普吉的小岛。

美国人赞成这次有限军事行动，却对"拉链"行动所需的大批部队能否部署得当依然存有疑虑。但是，蒙巴顿经过反复权衡之后决定，最好还是直接进攻主要目标。

他告诉外交大臣艾登，他将在1945年年底以前占领新加坡："条件是，以前规定将提供给我们的轻型舰队、飞机能够抵达太平洋。我对此甚感乐观。"

他本打算在7月份实施计划，但还是由于拨给他的舰艇、飞机和兵力不足，而被迫将计划束之高阁。

1945年7月中旬，蒙巴顿被丘吉尔调往柏林参加波茨坦会议。波茨坦会议主要研究对日作战问题，所以需要蒙巴顿代表东南亚战区总部前来参加。

会议期间，马歇尔将军把蒙巴顿叫到一边，用最秘密的方式告诉他，美国研制成功了原子弹，准备在8月初使用。这意味着战争将很快结束。当天晚上，丘吉尔也透露了同样的消息。

蒙巴顿后来说："他建议我尽快采取一切必要的步骤准备迎接投降。我随即电告布朗宁，要他采取一切必要的行动，当然，我没有告诉他原因。"

如果"拉链"计划还要进行的话，看来是不会遇到任何有效的抵抗了。

8月7日，蒙巴顿乘坐大型轰炸机回到战区司令部。

8月15日，日本宣布无条件投降。同时，他从英美联合参谋长会议接到命令，接管菲律宾以南的整个西南太平洋地区，目的是使麦克阿瑟的美军部队能从这些地区脱出身来去占领日本本土。

次日，英国参谋长委员会又给他下达了新任务：

> 重新占领已光复地区中的关键地域，确保对已投降的日军进行有效控制，解除日军武装；努力尽可能早地释放英国和盟军的被俘人员和其他被日军监禁者。

蒙巴顿立即行动起来，他命令即刻实施"拉链"计划，以任何可能得到的部队向马来西亚和新加坡进军。

同时，他指示沃克中将率领包括扫雷艇在内的各类军舰所组成的混合舰队，立即冒着雨季时节的风暴出海；命令其他部队迅即出动，前往香港、西贡等地接收日军司令部。

然而，几天以后，麦克阿瑟给了蒙巴顿当头一棒。此时麦克阿瑟已担任了盟军对日事务的最高负责人，他命令蒙巴顿在8月31日东京受降仪式正式举行之前，不要采取任何军事行动。后来由于台风袭击日本列岛等原因，受降仪式推迟至9月2日在美国的"密苏里号"战列舰上举行。

尽管如此，9月9日，蒙巴顿仍下令英军在马来西亚波德申和巴生港附近的莫里布登陆。不出蒙巴顿所料，虽然日本天皇早已宣布了投降，但这里的日军还是进行了抵抗。尽管日军的抵抗很快就被解决掉了，英军还是遭受了一些挫折，许多士兵伤亡。

除此之外，还有其他事情在烦扰着蒙巴顿。战俘问题就是令人焦急的一个紧迫问题。日本战俘都很乖戾，蒙巴顿曾视察过印度的一个战俘营，那里日本战俘的暴躁无礼和不守纪律使他感到很惊愕：

第二次
世界大战
著名将领

蒙巴顿

每当想起日本人虐待战俘，动辄对他们施以酷刑的情景，我不禁感到，当日本人成为战俘、由我们来看管的时候，他们似乎仍然比我们强大。

然而，盟军被俘人员的情况更加令人担忧。盟军战俘正在饱受营养不良之苦，日本人很可能会把他们杀掉。按照正式规定，9月2日以前不能采取任何措施，但实际上早已给各个战俘营空运了援救物资。

蒙巴顿对伊斯梅说："我已经研究了我们的被俘人员问题，我们在这里真是束手无策。"

他建议把自己的妻子埃德温娜派到这里来。埃德温娜确实提供了很大的帮助。在3月和4月，她已经在这一地区巡回了50000多千米，她把全部力量都投入了工作，有两名助手不幸在医院中殉职。她经常深入盟军的前沿阵地，尽管有时会遭遇到投降的日军、当地的民族主义分子和各种各样的土匪，她也毫不惧怕。

8月23日，埃德温娜再次来到这里。在宣布胜利的几个小时以后，埃德温娜和蒙巴顿一起访问了臭名昭著的新加坡樟宜监狱。监狱里盼望盟军攻进来的战俘们显然已经等得不耐烦了，他们把蒙巴顿叫做"拖延迟缓的路易斯"。

一个名叫拉塞尔·布雷登的战俘后来回忆道："蒙巴顿身穿白色的衣服，从来没有任何人像他这样引人注目，富于魅力，威武英俊。"

蒙巴顿说："很抱歉，我没有更快地赶到这里。我知道你们是怎样称呼我的。现在，我将告诉你们为什么我拖延了这么长时间。"接着，他简洁而又令人信服地向他们介绍了为什么不能更快地取得胜利。

布雷登回忆说，"这真是一个奇妙的时刻"。

这一期间，蒙巴顿和麦克阿瑟之间就受降问题产生了一些意见分歧，他写道：

> 如果对日本人手软，我们将会犯最严重的错误。我担心，如果我们不能使日本人遭受彻底失败的耻辱，即把他们打回老家去，日本领导人将会利用你没有给他们以粉碎性打击这一事实来向他们的人民灌输下述思想，即日本是被科学而不是在战场上被击败的。
>
> 一般来说，我不是怀有报复心理的人。然而，我总是感到，如果我们对日本的领导人不强硬，他们最终还会卷土重来，再发动一场战争的。

在给一个私人朋友的信中，蒙巴顿的态度更加强硬。他认为：战争应当一直进行下去，直至日本天皇本人亲自到马尼拉来投降。这样做将会使战争再延长两三个星期，也许要再动用原子弹，但是蒙巴顿认为，这样做将会永远地摧毁现在看来被挽救下来的日本封建主义和军国主义机器。

麦克阿瑟的看法与此不同。他认为，缴械投降是一种古老的做法，将导致败方的丢脸和丧失信念。

蒙巴顿坚持在他的战区内，日军投降应由所有的日方高级军官在他们自己的部下面前，在正式的仪式上进行；而且，一定要当场象征性地对他们进行缴械，并将这些佩刀、枪支等作为战利品分发给在场的盟军军官和军士。

对这种仪式感到心满意足的不仅仅是蒙巴顿。新加坡的李光耀把"这

些战争贩子所遭受的最后耻辱"，形容为"东南亚历史上最伟大的时刻之一"。

此后不久，理查德·科尔比作为澳大利亚战犯代表团成员来到康提，他希望能够出于宽大向日本军人发放嘉奖卡。

"我宁可对他们更严厉，"蒙巴顿回答说，"如果有可能，我将枪毙他们中的20个，你总得做些什么来满足自己的杀戮欲。然后，我将在众人面前狠踢他们当中二三百人的屁股，对他们惩罚够了以后，再让他们回国。整个事情到这里才算完结了。"

9月12日，东南亚盟军司令部的正式受降仪式在新加坡举行。由于日本南方军总司令官寺内寿一事先被告知了仪式的程序，因为忍受不了而称病不去，由板垣大将代表他参加仪式。

仪式结束后，板垣等几位日军将领，想走上前去与身着笔挺的白色皇军海军上将制服的蒙巴顿握手，被断然拒绝了。

为了奖赏蒙巴顿在整个战争期间的功劳，特别是他指挥英印军队在缅甸击败日军的辉煌业绩，经首相提议，英国国王封他为"缅甸蒙巴顿伯爵"。

将星纵横

第二次世界大战著名将领

哈尔西

美国海军五星上将，因作风勇猛而获绰号"蛮牛"，又因为人随和而被称为"水兵的海军上将"。第二次世界大战爆发后，他曾任航空母舰特混舰队司令、南太平洋战区最高司令和第三舰队司令。哈尔西率航空母舰特混舰队先后取得瓜岛争夺战胜利、所罗门群岛战役胜利。1945年，率部支援硫磺岛和冲绳岛的登陆，直到日本投降。

珍珠港被炸
率舰队出海复仇

1882年10月30日，哈尔西出生于一个海军世家，他很早就想成为一名海军战士。1900年，哈尔西进入了军校。

1904年2月，哈尔西比预定时间提前4个月毕业。当时的美国总统西奥多·罗斯福正大力扩充海军，海军需要大批新军官。哈尔西离开学校参加了海军，他第一次服役是在一艘烧煤的"密苏里号"上。

第一次世界大战爆发后，哈尔西如鱼得水，表现出了杰出的军事才能，立下了战功，得到了上级的赏识，被提升为上校。

哈尔西真正迷上海军生活是在1927年2月，当时他担任美国海军军官学校练习舰的舰长。恰好该校的第一个正式飞行大队以该舰为训练基地，这使哈尔西意外地获得了学习航空知识的机会。

命运之神开始眷顾哈尔西，不久他被调到陆军战争学院受训。在这里，他遇到了布莱德雷和温赖特等人。

毕业时，当时任海军航空署长的诺克斯·金要哈尔西出任一艘由巡洋舰改装的航空母舰"萨拉托加号"的舰长。但金提出一个附加条件：哈尔西必须通过"航空观察员"的训练。这一决定让哈尔西大喜过望，他终于可以参加飞行训练了。

1938年，哈尔西正式出任"萨拉托加号"航空母舰舰长，成了美国最早的航空母舰指挥官之一。至1939年，美国的5艘航空母舰中，已有2艘由哈尔西指挥。

这时，航空母舰战术已有很大发展，并逐步走向成熟。但哈尔西仍认

为："要想对这种伟大的海战工具做适当地运用，你必须知道它的威力和限制力。通过6年之久的航空母舰经验，我自信对它们已经知道得不少，但仍感到不够。"

此后，哈尔西一直不间断地研究航空母舰。

1940年4月，哈尔西加入驻夏威夷的太平洋舰队。此时，他已预感到，日本有可能进攻美国，所以潜心研究对策。

为了使自己的航空母舰舰队在开战后有更强的战斗力，哈尔西想尽一切办法提高飞行员的战术技术水平，组织了许多次近似实战的演习。通过演习进一步深入研究舰载机的协同进攻战术，使部队的作战能力有了进一步的提高。

太平洋战争爆发后，哈尔西指挥的第八任务部队成为太平洋舰队最有战斗力的一支航空母舰特混编队。

日本偷袭珍珠港的前一个月，哈尔西担任了太平洋舰队第八任务部队司令，军衔晋升为中将。这时战争气氛已相当浓厚。

为了有效地抵御日军的进攻，哈尔西主张即刻加强美军几个前哨岛屿的防御力量，并建议把12架陆战队Ｆ－4Ｆ战斗机运往威克岛，用来代替陆军飞机。他的主张被采纳，并由他负责指挥运输。

1940年11月28日下午19

哈尔西

时，哈尔西的特遣队从珍珠港出发了。

临行前，他问当时的太平洋舰队司令金梅尔："您想要我走多远？"他的意思是说，如果碰上日本的潜艇就有挑起战争的可能，对此怎么办。

金梅尔意味深长地回答："用你的常识。"

在哈尔西看来，金梅尔已实际上授权他见机行事，这就意味着国家的命运落在了自己的肩上。

临行前，为了麻痹在夏威夷的日本间谍，哈尔西佯装这次行动是一次例行训练，他的3艘战列舰也未能随行，知道这次行动的真正目的的只有3个人。

然而，当舰队一离开珍珠港，哈尔西就在旗舰上发出第一号战斗命令，他要求舰队立即进入战斗状态。他告诉全体人员"现在是在战争情况下行动"，他还命令所有飞机和军舰严阵以待，一旦遭到"任何"舰只和飞机就应立即将其击沉或射落。

当时美日尚未开战，哈尔西的第一号战斗命令弄昏了他的参谋们。

当时就有参谋提出抗议："您知道这个命令意味着战争吗？"

哈尔西则冷静而又斩钉截铁地回答说："一切由我负责，我们先射击后论理。"

随后，哈尔西又下令停止一切无线电通信。白天，由反潜巡逻机担任戒备，夜晚则出动飞机进行搜索。在当时看来，太平洋上只有哈尔西的这支舰队保持了高度的警惕性。

很侥幸的是，哈尔西的舰队没有撞上日本舰队。一支巨大的日本联合舰队已于11月26日离开了基地。

12月4日晨，哈尔西的舰队顺利地到达了离威克岛约200海里的地方。在将战斗机送往威克岛后，哈尔西便立即掉转头返回珍珠港。

返回途中，因气候关系，在给驱逐舰补给燃料时耽误了时间。然而，恰恰是这一耽误使哈尔西逃离了厄运。

1941年12月7日（夏威夷时间）晨，日本偷袭了珍珠港。美国海军飞机

损失80架，231架陆军飞机中仅有79架尚可使用，伤亡人数达3681名。而此时，哈尔西的舰队还在离珍珠港200多海里的地方。

晚上20时12分，哈尔西才收到消息："珍珠港遭空袭，这不是演习。"

在以后的24小时里，哈尔西的舰队不断地在日本舰队可能的撤退方向上搜索，意欲报仇，但一无所获。直至燃料快要用完时，哈尔西才不得不返回珍珠港。

哈尔西进入珍珠港时，映入眼帘的是一片劫后惨象。当他的舰队经过已被击沉的舰只时，他暗自发誓，一定要亲手把日本联合舰队司令山本五十六送入地狱。

此时，他的老同学金梅尔备受煎熬。珍珠港被袭击、美国舰队损兵折将的责任完全落在金梅尔的身上。哈尔西忍受不住大家对金梅尔的指责，他不惜牺牲自己的前程，毅然挺身而出为金梅尔辩护。

他认为珍珠港之所以遭到空袭，主要是因为缺乏远程侦察机。哈尔西自己也承认，过去太低估日本人了。

哈尔西在回忆录中是这样说的："在12月7日以后我才改变了我的看法，日本海军航空兵这一次的攻击，的确非常高明。"

接替金梅尔任太平洋舰队总司令的是切斯特·威廉·尼米兹。刚到夏威夷时，尼米兹就看到日本轰炸后的惨景，发现岛上到处都充满着悲观和失败主义情绪。经过一番深思熟虑，尼米兹制订了积极防御、主动出击的作战方针。

1942年1月8日，尼米兹召见哈尔西。两人经过一番长谈，在许多重大问题上达成了一致，尤其是尼米兹的作战方针得到哈尔西的支持，更使尼米兹感到欣慰。因为当时太平洋舰队的许多高级将领都过高地估计了日本海军的力量，而主张消极避战，保存实力。

尼米兹告诉哈尔西："日本人已经攻占英属吉尔伯特群岛，可能由那里攻向萨摩亚，切断美国对西南太平洋的补给线。情况十分危急，因为美国人没有可用的两栖部队采取对抗措施。""现在只有依赖快速航空母舰特遣

🔺 满载轰炸机的航空母舰

队。"

尼米兹要哈尔西以"企业号"和"约克敦号"两艘航空母舰为核心组成一支联合舰队，向吉尔伯特和日本人据守的马绍尔群岛发动一次闪电式的攻击。

哈尔西深知这项任务的危险性极大，但英勇善战的他仍接受了，并立即率领部队驶往目的地。

由于日军没有料到美军会远离珍珠港数千海里进行远程奔袭，哈尔西的这次空袭在出其不意间获得了意想不到的成功。为此，哈尔西赢得了他的第一枚"优异服务勋章"。

当哈尔西胜利返回珍珠港后不久，即应召前往尼米兹的办公室。尼米兹告诉他，一个秘密的军事行动——"轰炸日本首都东京"已获批准，并已进入最后的准备阶段。

根据尼米兹的意见，这一行动由哈尔西直接指挥。

哈尔西欣然从命。为使这次行动万无一失，他制订了周密的计划，组织

部队做了大量准备工作，还采取了严格的保密措施，甚至直至起航，部队仍不知道进攻的目标。

4月13日，满载远程轰炸机的"大黄蜂号"航空母舰，在预定海域与担负支援任务的"企业号"航空母舰为核心的第十六特混舰队会合。

哈尔西召集全体人员，郑重地向他们宣布："我们正前往日本，去轰炸东京。"全体将士欢呼起来。

4月18日清晨，在离东京700海里处，他们被日本船只发现了，行动不得不提前。

8时15分，16架远程轰炸机离舰腾空而起，向东京飞去。哈尔西的特遣舰队则迅速离开危险海区，安全返回珍珠港。

3小时后，由杜立特中校率领的轰炸机群飞抵日本，他们以超低空飞行，顺利地突破了日军防线。

当机群出现在东京、横须贺等城市的上空时，日本人还没来得及发出空袭警报，就被炸得乱作一团。

这些袭击的战果虽然不大，却打击了法西斯的嚣张气焰，遏制了日本帝国主义肆无忌惮的侵略步伐。

接受重任
取得瓜岛战役胜利

　　日趋严重的瓜岛战事，使美国军队的士气十分低落。美军占领的亨德森机场在日军的猛烈攻击下，也受到严重破坏，已陷入瘫痪状态。

　　为了扭转战局，尼米兹亲自前往太平洋视察，之后便决定将南太平洋地区的三军指挥权交给哈尔西。当尼米兹的手令送到哈尔西的手里时，哈尔西正前往南太平洋访问。哈尔西接过任命，不无惊讶地说："耶稣基督和杰克逊将军：这是他们交给我的最热的番薯！"

　　他发出这样的感慨不仅因为他从来没有指挥过陆军，也没有指挥过任何一支盟军，更因为他接替的是他40年的老友——戈姆利中将。尽管如此，他还是坚决地执行尼米兹的命令。

第二次世界大战著名将领

哈尔西接过指挥权之后，很快组织了美国军事史上的第一个真正的三军联合指挥部，迅速展开了对三军协同作战的指挥。

他首先召见了手下的陆、海、空三军首长，并询问他们是准备撤退还是苦撑下去。地面指挥官告诉他，只要能够比过去获得更多的海上支援，他可以撑下去。哈尔西对此肯定地回答："我答应给你我所能获得的一切东西。"

哈尔西是实践者，他的行动比言语更积极。他到处收集不能使用的旧船只，拆卸武器和零件来补充已经受损的舰艇。为了确切地掌握瓜岛的实际情况，哈尔西冒着巨大的风险亲自前往该岛视察、部署兵力和研究对策。这是他的前任从来没有做过的事。他的到来使前线的美国官兵兴奋不已。

1942年10月23日，日本正准备从陆、海、空同时向防守亨德森机场的美军发起进攻。哈尔西从侦察机报告的情况中分析出：日军总攻即将发动。在研究对策的最高司令官会议上，地面指挥官反复强调，必须给予强有力的支援。哈尔西肯定地回答："我会把我的全部家底统统调给你的。"在哈尔西

正在射击的战舰 ▼

许诺后，地面指挥官放心地返回了阵地。

10月24日，日军总攻开始。哈尔西立即投入一支由2艘航空母舰为核心的舰队，用来对抗中途岛海战以来最强大的日军舰队。

10月26日，哈尔西所辖的第十六特混舰队和第十七特混舰队与日本联合舰队在圣克鲁斯岛海域交战，美国海军遭到战术性失利，损失1艘航空母舰和74架飞机，日本则有2艘航空母舰受创共损失100架飞机。

趁日本联合舰队撤回特鲁克岛接受补给的机会，哈尔西加紧为海军陆战队赶运增援力量。哈尔西视瓜岛战役为南太平洋战区战役的关键，于11月8日飞抵该岛的亨德森机场视察，鼓舞守军。

11月14日，美国海军在哈尔西指挥下向日本运输舰队发起反击。次日，在瓜岛海域的战列舰交战中，日军损失2艘战列舰、1艘重型巡洋舰、3艘驱逐舰、11艘运输舰和数十架飞机。损失惨重的日本联合舰队再也不愿支援陆军作战。1943年2月，瓜岛日军被迫撤离。

得到消息的哈尔西满怀喜悦，立即向尼米兹发出了捷报。为了庆祝美军的胜利，美国总统罗斯福、海军部长诺克斯·金和尼米兹纷纷发来贺电。

哈尔西立刻向那些实际战斗人员转达，并在贺电中添上一句结束语："向战斗中光荣牺牲的人们致敬，愿这些英灵魂归天堂！"

鉴于哈尔西在瓜岛的卓越战功，罗斯福总统建议，打破美国海军只有4位上将的惯例，将哈尔西提升为四星上将。

瓜岛的胜利极大地鼓舞了美军的士气，打破了日本人不可战胜的神话，所以将哈尔西晋升为四星上将绝对是众望所归。

跨岛作战
攻取所罗门群岛

　　瓜岛战役的失败给日本人提了一个醒。日美双方都在积极备战，战事渐趋沉寂。只有哈尔西指挥的南太平洋地区，战斗始终没有停止。

　　由于战事的需要，哈尔西进入了麦克阿瑟的指挥范围。为了促进合作，哈尔西亲自前往谒见那位飞扬跋扈的大将军。

　　英勇而又蛮横的麦克阿瑟再次给哈尔西留下深刻的印象，哈尔西在事后曾这样说："我在那天下午对他的敬意随着时间的流逝而日益增长。"他又说，"我可以替麦克阿瑟效劳，但他对我决不会如此。"

　　就在日美双方积极备战的同时，日本海军大将山本五十六为了鼓舞日本官兵的士气，决定亲赴前线视察。但是这一消息却被美军情报部门获悉。美国大部分指挥官，还有罗斯福总统都决定，趁此机会袭击山本五十六。这次行动被定名为"复仇"，即复珍珠港之仇。

　　1943年4月17日，哈尔西接到尼米兹的命令，要求他组织航空兵完成奇袭山本五十六的任务。哈尔西即刻向所属航空兵布置任务。指挥官是美军所罗门地区航空兵司令米彻尔，战斗由18架战斗机来完成。

　　4月18日，奇袭山本五十六的伏击战仅历时3分钟，至上午9时38分，米彻尔少将向哈尔西报告：约翰·米彻尔陆军少校指挥的战斗机机群向卡希利地区进攻。上午9时半过后，击落了由编成密集队形的"蚕式"战斗机护航的2架陆上攻击机，还击落了3架"零式"战斗机。我1架战斗机尚未返回。4月18日看来是我方的胜利日。

　　接到报告的哈尔西感到非常满意，立即回电以示祝贺。他在电文中以幽

默的语调表达了自己愉快的心情："祝贺你们成功！在猎获的鸭子中，好像还夹着一只孔雀。"

6月，攻打所罗门群岛的战事又排上了美军的议事日程。

为了使这一战役能够顺利进行，尼米兹大大加强了哈尔西指挥的第三舰队的实力。第三舰队已有6艘航空母舰、2艘战列舰、49艘巡洋舰和驱逐舰，还配属有海军陆战队。

6月30日，哈尔西部在新乔治亚岛实施登陆作战，遭到日本守军的激烈抵抗。8月25日，美军攻克该岛，歼日军约9000人。根据预定计划，哈尔西的攻击目标将是科隆班格拉岛。

该岛有10000名日军严密设防，强攻不仅会造成重大伤亡，而且将使作战旷日持久。因此，哈尔西决定对该岛围而不攻，越过该岛而攻取韦拉拉韦拉岛，为后来尼米兹提出"越岛作战"提供了成功的先例。而且因为哈尔西采取这一战术，迫使日军主动地撤出了科隆班格拉岛和韦拉拉韦拉岛的守备部队。

当所罗门战役的炮声还在隆隆作响的时候，一个新的越岛进攻的战役计划又已在酝酿制订之中，其攻击目标是希干维尔岛。由于哈尔西在所罗门战役中采用的越岛进攻已初见成效，因此美军参谋长联席会议授权哈尔西攻占希干维尔岛。希干维尔岛是所罗门群岛中最大的岛屿，位于该群岛最北部。岛上拥有多处机场，沿海一带多良港锚地，是日军俾斯麦防线东南侧的重要屏障，战略地位十分重要。岛上驻有日军33000人。

对哈尔西来说，这是一次非常艰难的作战行动。而且，当时吉尔伯特群岛战役即将开始，哈尔西的许多舰船和部队被调给了斯普鲁恩斯。

哈尔西费了好大的劲才结集了34000余人，其中包括海军陆战第三师、步兵第三十七师和一个新西兰旅，这三支部队合编为两栖作战第一军。

为了赢得胜利，哈尔西对攻占希干维尔岛进行了缜密地布置，并拿出了周密的计划。当时日本的主要兵力大都集中在希干维尔岛南部的卡希利·希因地区及其附近岛屿，还有一些部署在北部的希喀岛和悟尼斯地区。

根据韦拉拉韦拉岛作战的经验教训，哈尔西计划绕过日军兵力集中的南

部要地，而在岛屿中部防御薄弱的地区登陆。登陆后，在这里建立一道坚固的防线，并修建机场。日军要想进行反击，必须越过群山连绵、地势险峻的地区，并穿过原始森林才能到达这里。

为了迷惑敌人，哈尔西采取了声东击西的策略。正当日军晕头转向、顾此失彼时，哈尔西的部队出其不意地在希干维尔岛腰部的奥古斯塔皇后湾登陆。等到日军反应过来时，美军已有40000余人登陆。虽然后来陆上战斗持续了很久，但美军一直处于很主动的地位，并且取得了重大胜利。

所罗门战役的胜利为哈尔西赢得了第二枚"优异服务勋章"。勋令中有这么一句话："一位坚强有力和精神旺盛的将领，能够将其本身的战斗精神和坚强意志灌输给他的部下。"此时已是1943年12月底，南太平洋战争日益沉寂，日本的南进计划也化为泡影。

舰队 ⬇

战绩卓越
晋升五星上将

所罗门战役结束后，哈尔西并没有使自己闲下来，他开始策划下一步的作战计划。

但这时在指挥关系上出现了一种错综复杂的情况：哈尔西既要自行制订周密的作战计划，又要接受来自两个方面的领导。一方面，在全局性的战略问题上，要接受麦克阿瑟将军的领导；另一方面，执行作战计划所需要的舰船、地面部队和飞机等，又必须请求尼米兹将军予以调遣。这一双重身份给哈尔西的日后工作带来了麻烦。

很快，哈尔西和倔强的麦克阿瑟就发生了冲突。

事情的经过是这样的：

哈尔西在制订下一步作战计划时，因攻占新几内亚和菲律宾的需要，要在靠近新几内亚的马努斯岛上开设海军基地。

尼米兹知道这一情况后，便草拟一份电文发给海军作战部，建议把哈尔西的作战区域适当扩大，使马努斯处于哈尔西的直接指挥下。发文前，尼米兹以副本形式通知了麦克阿瑟。

在权力问题上格外敏感和计较的麦克阿瑟因此得出了这样的结论：哈尔西和尼米兹等人篡取了他的权力。于是他下令：在马努斯的管辖权确定之前，工程只限于他直接指挥下的部分舰只所必需的设施。

麦克阿瑟的话音刚落，哈尔西就断然地说："你错了，将军，我不同意你的意见！不仅如此，我还要告诉你，如果坚持你的命令，那将阻碍战争的进程！"

　　在进一步阐述自己的观点后，哈尔西这样结束了发言："我对马努斯的指挥权并不在意，我所关心的只是迅速地建好那个基地。我只要求，当我的部队开始进攻新几内亚或菲律宾时，这个基地业已竣工并交付使用！"

　　哈尔西的态度如此直率不仅使麦克阿瑟一怔，也使其他参谋人员感到惊讶。随后，哈尔西与麦克阿瑟还发生了激烈的争论，但哈尔西仍寸步不让。面对比自己更为倔强的哈尔西，麦克阿瑟也只有认输了。

　　1944年6月15日，哈尔西接收了斯普鲁恩斯指挥下的第五舰队，使之并入自己的第三舰队，从而将第三舰队的阵容大大扩展，成为一支以4艘航空母舰群为主体的拥有500余艘舰船的庞大舰队。

　　虽然这时他和尼米兹都主张直接进攻菲律宾，但他们的主张没有被接

空中轰炸

受。尽管如此，哈尔西还是在8月24日率领他的第三舰队浩浩荡荡地开向加罗林群岛。

　　加罗林战役中，哈尔西的部队在很短的时间里就歼灭日机约480架，击败日舰近百艘，炸毁了许多岛上设施，而美军只损失39架飞机。美军已以压倒优势的海空军兵力，使加罗林群岛成了囊中之物。

　　哈尔西用事实证明了他的想法，美军可以迅速直捣菲律宾的心脏地区。

　　这时，哈尔西还发现，日军在菲律宾西岸的防务十分薄弱。于是，他再次提出进攻菲律宾的建议。此时，英美两国参谋长正在魁北克开会。他们讨论哈尔西提出的建议，又用无线电征求麦克阿瑟的意见，哈尔西的建议最终得到批准。

　　参谋长会议决定：10月20日在莱特岛登陆，这样比原定计划提早了两个月。

　　1944年10月，哈尔西率领第三舰队开赴菲律宾战场。在战役打响之前，哈尔西不遗余力地进行了大规模的空中轰炸，致使马尼拉当地的日军基地和港口瓦砾飞扬，火光冲天，日军损失惨重。

　　10月12日，日美双方爆发了一场"台湾近海航空战"，日本飞机遭到重创。10月14日，哈尔西亲自挥师南下菲律宾。10月20日，美军大举登陆莱特岛。

第 二 次
世界大战
著名将领

　　对日本来说，菲律宾至关重要。一旦失守，日本与东南亚各地的海上交通线路将被切断，所以为了保住菲律宾，日本决定孤注一掷。

　　但日军航渡组织不严密，空中掩护无力，突击也没有做到出其不意，而且各舰队之间的通讯联络也很差，因此日军的各编队在海空战中被各个击破。

美国战舰 ❤

20日黄昏，6万名美军官兵和10多万吨物资已经上岸。莱特湾海战大捷，在第二次世界大战中具有深远的战略意义，因为美军占领莱特，意味着向菲律宾的大门已经打开，而日本从海上通往东南亚的通道被切断。太平洋战争已接近尾声了。

莱特湾海战虽然取得了重大胜利，但也暴露了很多问题，美军由于没有组成统一的作战指挥部，参战的两个舰队仍属两个战区统辖，因此协调很差。战斗中出现了一些险情，而这种状况几乎使美军处于不利态势。

这种态势的造成在某种程度上说也与哈尔西作出的决定有直接关系。

海战结束后，哈尔西为此遭到激烈批评。但尼米兹和金上将拒绝对哈尔西作出处分，并以哈尔西在这次大海战中获得的战果为其辩解。

当时麦克阿瑟也起劲为哈尔西辩护，他说："不要对'蛮牛'再说长道短了。在我的名册上，他仍然是一个善战的海军将领。"

罗斯福在1945年1月的国情咨文中也这样说：

哈尔西将军报告说对莱特岛的直接进攻……加速了菲律宾的解放和最后的胜利，同时也保住了许多人的生命。

否则，为了攻占那些现在已被占领的和留在我们战线后方的岛屿就要死不少人。

由于这么多头面人物的支持，才使风波平息下来。而且，为了表彰哈尔西在菲律宾战役中的贡献，罗斯福总统还亲自将第三枚"优异服务勋章"挂在哈尔西的胸前。

1945年1月26日，哈尔西一度把指挥权交给斯普鲁恩斯。

5月18日，哈尔西又披挂上阵，以"密苏里号"为旗舰。

7月1日，哈尔西率舰从莱特湾启程，发动了太平洋战争中最后的海军攻势。

8月6日，美军在广岛投下第一颗原子弹。

8月15日，日本宣布投降。

9月2日，举行日本投降签字仪式。签字仪式在哈尔西的旗舰———一艘以海军部长福莱斯特家乡命名的战列舰——"密苏里号"上举行。

哈尔西费尽心思安排了这次举世瞩目的仪式。尼米兹代表美国政府签字时，哈尔西站在他的身后，并得到尼米兹签字的3支笔中的一支。

至此，第二次世界大战结束。

10月15日，哈尔西回国受到举国上下的热烈欢迎。一位战地记者报道："战争中最著名的海军部队哈尔西的第三舰队，今天回家了！"

回国后，哈尔西官升五星上将，并且获得第四枚"优异服务勋章"。

哈尔西在第二次世界大战中的经历令世人瞩目，他从"密苏里号"开始他的海军历程，至第二次世界大战结束，他的事业达到了顶峰，代表美国政府参加了日本政府的投降签字仪式，与历史一起定格在带给他起点又带给他辉煌的"密苏里号"战舰上。

将星纵横

第二次世界大战著名将领

巴 顿

　　乔治·巴顿，美国陆军四星上将。太平洋战争爆发后，巴顿率军参加了横渡大西洋、突尼斯战役、西西里岛登陆、诺曼底登陆等多个重大战役。1945年3月，巴顿抢在蒙哥马利之前渡过莱茵河，此后在9个月的推进过程中，巴顿部队歼敌140余万，取得了惊人的战果。巴顿作战勇猛顽强，强调快速进攻，有"热血铁胆""血胆老将"之称。

勇敢无畏的
"血胆将军"

1885年11月11日，乔治·巴顿出生在美国加利福尼亚州南部的一个富裕的军人世家。

1903年，巴顿进入弗吉尼亚军事学院，一年后又被保送入著名的美国陆军军官学校，即西点军校。

1909年，巴顿从西点军校毕业，被任命为骑兵少尉。1910年至1914年，巴顿担任了陆军参谋长伍德的副官，后来又成为陆军部长史汀生的副官，这对巴顿以后的发展产生了较大影响。

第一次世界大战爆发后，巴顿请战上了前线，在战争中崭露头角，并获得紫心勋章，后来因训练坦克部队又获得"优异服务勋章"，并晋升为上校。

第二次世界大战爆发时，巴顿的好友马歇尔上校被罗斯福总统任命为陆军总参谋长。为了对付即将到来的战争，马歇尔根据总统的意见，提拔了一批积极进取、才能出众的军官担任高级指挥职务。

巴顿作为美国为数不多的几个富有坦克作战经验的指挥官之一，被任命为第二装甲师师长。

巴顿是一名主张大无畏进攻的将领，他常对属下的官兵们说，赢得战争靠两样东西，那就是胆量与鲜血。所以，他在第二次世界大战中担任集团军司令时，获得了"血胆将军"的绰号。

巴顿信奉的口号是："果敢、果敢、永远果敢！""前进、战斗、不惜任何代价！"如果他手下有位师长向巴顿报告自己的师太疲劳了，无法再发

动新的进攻，巴顿就会说："好吧，你推荐谁来代替你的职务？"

师长总是重新考虑之后，仍然执行巴顿原来的命令。实践证明巴顿是对的，这个师并未疲劳得不能进攻。

巴顿知道："士兵可以连续进攻60个小时，这样常可节省大量时间，少吃很多苦头。超过60小时就是浪费时间，因为士兵会因缺少睡眠而疲惫不堪。"

巴顿经常用粗鲁的语言对部队训话，以激励官兵们一往无前的进攻精神。例如："战争就是杀人的买卖，你不放他的血，他就会宰了你。划破对手的肚皮，要不就打穿他们的肠子。""美国人喜欢搏斗，喜欢战斗的刺激和兵刃交锋的'叮当'声。""败退是懦夫，也是要命的，在我们的军队里不要胆小鬼！"

巴顿手下有位师长曾评价说："巴顿讲话就像个密苏里州的赶骡汉，试图哄骗那些顽固的骡子替他载上重负。"

不少军官对巴顿的粗俗语言感到脸红，并责问他为何要这样说话。

巴顿回答说："你没有粗俗劲就无法指挥部队。"

巴顿曾经写道："美国士兵唯一不具备的气质就是狂热，当我们与狂热者作战时，这是一个不利的因素。"

因此巴顿试图用粗俗、泼辣的语言煽动士兵仇恨敌人，培养士兵粗犷的性格。结果多数士兵都乐意接受这种训话，并逐渐培养起对法西斯的刻骨仇恨和顽强的战斗精神。

巴顿不仅用语言来激励部队，往往还以身作则，深入危险的前线视察。

他总是乘坐一辆擦得闪闪发亮的吉普车，车的坐椅套为大红色，车的前后都标有表明巴顿军衔的大号将星，车的后座上架着一挺由巴顿的副官操纵的大口径机关枪，每当到部队时，巴顿的司机都尽量按响喇叭，让战士们知道他们的司令官巴顿将军同他们在一起。

巴顿向他手下的指挥官发布的第一号指令是"每个人在自己适当的职权范围内都要身先士卒"，他自己当然身体力行。每当占领一个城镇，巴顿总

041

是冒着敌方狙击手射击和延期炸弹爆炸的危险，同第一批部队一齐冲进去。

在欧洲战场的一个阴雨绵绵的寒冷的下午，巴顿看到一群士兵正在修理一辆被敌军炮火打坏的坦克。他立即从吉普车上跳下来，躺在泥泞的地上钻进坦克底下足足待了25分钟。最后虽未能修好坦克，但看着他那沾满油垢和泥浆的将军服，周围的官兵和机械师都不禁肃然起敬。

每逢两栖作战，巴顿总是不等登陆艇靠岸便跃入水中，冒着连天的炮火与战士们一道涉水登岸，并高声激励士兵们勇往直前。

尽管巴顿对部队的管理异常严格，但在他手下工作过的士兵却非常理解这位将军的严厉只是表面上的。

巴顿不但知道如何激励士兵去英勇作战，而且懂得怎样关心士兵的切身利益。

巴顿将军

他要求属下的指挥官："必须经常关心士兵的福利和粮食；必须对士兵了如指掌，如有任何疾病或精神紧张的病症，他应一看便知；必须照料好士兵的双脚，确保他们的鞋袜适中合脚，因为袜子太松太紧都会伤脚；必须预计到气候的变化，适时地提出要求以使士兵得到应季的被服和鞋袜。"

巴顿历来的原则是："以美国人生命的最小代价换取敌人的最大伤亡。"他认为部队伤亡极大是指挥才能很差的标志。

为了减少士兵的伤亡，巴顿叮嘱指挥官们不要节省弹药："浪费弹药比浪费生命好得多。造就一个士兵至少要18年，而制造弹药只需要几个月时间。"

巴顿非常注意保存战士的体力，他的原则是，在战斗中只要有机会乘车，就不让士兵们走路，他深知"行军疲劳的士兵打仗时体力就不会充沛"。因此巴顿尽可能利用卡车、坦克、装甲车、大炮、拖车等来运载士兵。

有的将军批评巴顿的这种行军方式不雅观，而巴顿却认为这样可用最小限度的疲劳来换取最快速的前进。

每当巴顿的军队夺得了战利品后，他总是尽可能地让士兵们分享。在法国，他的战士们可在感恩节每人分到7瓶白兰地，还可用德军冷冻库里的牛肉做成炸牛排、烤牛肉和炖牛肉汤来代替吃厌了的干粮。

每当在检阅时发现有士兵受伤或立功，巴顿总要仔细询问他们受伤和立功的经过。对于在战斗中表现出色的战士，巴顿总是尽快在前线向他们授勋，对受重伤的战士则在病床前为他们授勋。巴顿坚信拿破仑的格言："只要有足够的勋章，我就能够征服世界。"

当然巴顿也很注意保护这些战功卓著的士兵，他曾下令禁止获得"荣誉勋章"或"优异服务勋章"的人再上前线，因为他发现获得勋章的官兵"往往会因奋勇作战而牺牲生命"。

进军非洲
攻占卡萨布兰卡

珍珠港事件爆发后，巴顿担任了美国第一装甲军军长。

1942年11月7日，夕阳西下后不久，摩洛哥的人们从无线电广播里收听到一句不断重复的暗语："罗伯特到来！"

这是英国广播公司对被轴心国占领的国家的所有广播中都经常穿插的一种简短的讯号。

一般人不知道，这其实是一种密语方式，他在告知这些国家的地下反纳粹武装，准备迎接预定的作战计划。

摩洛哥原是法国殖民地。第二次世界大战开始后，法国向德国法西斯倒戈投降，摩洛哥接受了法、德双重的"和平"统治。

现在，"罗伯特"要来解放这片土地了。

那些摩洛哥地下武装成员纷纷猜测，电波里代号"罗伯特"究竟是谁呢？

"罗伯特"，其实就是巴顿，同时也是同盟国秘密拟订的"火炬"作战计划的代号。

"火炬"计划的目的是派出一支特遣部队在北非登陆，建立一个战略据点，为今后反法西斯的大反攻作准备。

"火炬"作战计划的酝酿和筹划经历了近半年时间。

"火炬"计划的登陆地点选定在法属阿尔及利亚和摩洛哥。这方面，英美分歧较少。但在具体登陆地点上，双方却各执己见。

英方主张部队应全部在地中海沿岸登陆，迅速抢占突尼斯，美方则坚决

主张在卡萨布兰卡登陆。

经过激烈讨论，最后采取了一个折中的方案，双方决定分三路在法属北非登陆。

巴顿指挥西线特遣部队，由美国本土出发，横渡大西洋，在卡萨布兰卡登陆；弗雷登道尔指挥中线特遣部队，在奥兰登陆；赖德指挥东线特遣部队，在阿尔及尔登陆。

3支队伍，只有巴顿的这支特遣部队，全部是美国人，而且兵员输送也要靠自己。

不仅如此，巴顿所面临的敌人，将有20万人，而他只有4万人，为此，他需要好好谋划一下，特别是要和运送自己队伍的海军将领进行商议。

海军少将亨利·休伊特的个性同巴顿截然相反，巴顿火气旺盛，容易发怒，可谓非常情绪化的人，而休伊特则温文尔雅，审慎得甚至有些迟钝。

休伊特慢条斯理的劲头，让巴顿十分反感。海军少将手下的那班参谋，又不断地插话，翻来覆去地强调远征的不利因素，更让巴顿怒不可遏。

此时此刻，巴顿把海军的正当担忧当成了一种破坏，他渐渐地失去了耐心，开始大发脾气，协商不欢而散。

休伊特将军找到海军金上将，金上将立刻将此事向马歇尔汇报，正式要求撤换巴顿。马歇尔只好向休伊特和金上将做了解释，他保证，巴顿的脾气绝不会影响军事行动，相反倒会有助于战役的胜利。

最后，马歇尔表明了自己的态度，他认为，对于"火炬"计划来说，巴顿是不可或缺的。休伊特是个能顾全大局的人，他勉强同意与巴顿继续合作。在合作中，两人增进了了解，配合日益默契。双方取长补短，成了真挚的朋友。最终使这次史无前例的远征取得了辉煌的成功。

在这段插曲之后，"火炬"计划也进入了最后阶段。现在，弓成满月，箭已上弦，就等着"火炬"燃烧的那一天了。想到自己马上将成为第二次世界大战中率美军出征的第一位将军，巴顿心中充满了喜悦。

巴顿希望这是一次激烈的战争，希望每一个从战场退下来的人，都觉得

这是一场难得的经历。可以说巴顿一生中最想要的，就是领导一群人打一场艰苦卓绝的大仗，看起来，这个机会来了。

如今巴顿已经56岁，这是一个使人拥有镇定心态的年纪。出发之前，巴顿做好了一切必要的准备，他去晋见了总统、拜访了陆军部长史汀生和参谋长马歇尔将军。

1942年10月21日，巴顿赶到沃尔特·里德医院，向老将军潘兴辞行。

临告别时，潘兴祝福巴顿一帆风顺，取得胜利。想到与老将军之别也许即成永诀，巴顿这个刚强的人也不禁黯然神伤。

为了做好奋战到底的打算，巴顿还专门准备了一封给自己妻子的信，交给了自己的表哥。以备万一自己阵亡了，好由表哥转交给自己的妻子。

巴顿的舰队是在24日上午8时10分驶离诺福克港的，出港时一切都是那样的准确、高效，井井有条。舰队排成纵队穿过了水雷区，驶出波涛汹涌的海峡，在海峡里，巴顿他们加入了5列纵队中由"奥古斯塔号"打头的那一列。

舰上的伙食太棒了，巴顿简直从未见过，他甚至担心自己会发胖。每天早晨巴顿都做大量锻炼，包括引体向上和在自己的船舱里原地跑步480步，相当于四分之一英里。

每天早上，大家在各自的战斗岗位扎上皮带，带上钢盔。

巴顿也一样，每天都非常认真地执行。然后攀上升旗台，直至第一抹阳光闪现才下来，

再读一会儿书，接着就开早饭了。

其实巴顿的心情很沉重，他知道这次战斗对他来说非常重要，而且他又有很多顾虑。

巴顿凭着血性和一时之勇，在总统和参谋长面前已夸下海口："不成功便成仁！"但巴顿对怎样成功、怎样成仁也不甚了了。

士兵登陆 ▼

温文尔雅的亨利·休伊特海军少将走近忧心忡忡的巴顿。他轻轻地拍了拍巴顿的肩膀："不用担心，上帝会保佑我们的。"

巴顿转身微笑，在他内心深处，深深地敬佩这位身材魁梧、举止端庄、谦让平和而又原则性极强的搭档。虽然在合作开始之际，两人有一些不愉快，但几次开诚布公的交心之后，他们都了解了对方。

共同的利益和美国的尊严使这两位指挥官配合默契。虽然海军的支持给巴顿以很大的鼓舞，但是摩洛哥沿岸天气变幻莫测的预告又加重了巴顿的焦虑。

11月4日以来，巴顿一直担心天气变坏。因为海上突然刮起西北风，而且风势越来越猛。

风浪惊人，深蓝色的海水好像成了墨水，每一次海浪来袭，都好像要把人整个儿吞下去似的。

11月6日，离规定的登陆时间只有两天了，但天气变得更为恶劣，转好的希望十分渺茫，人们对登陆的可行性议论纷纷，巴顿也举棋不定。如果天气不转好的话，巴顿就应采取应急措施，易地登陆。

巴顿极为紧张地思考着，他那如精密仪表般精确的大脑一直在夜以继日地工作。

巴顿努力使自己相信，11月8日的天气会转好，美军能够顺利上岸。在"奥古斯塔号"上，有两个人的话使巴顿的心放宽了。

一位是巴顿的外交顾问保罗·卡伯特，卡伯特曾在摩洛哥久住，他深知摩洛哥的天气反复无常。卡伯特充满信心地安慰巴顿："我相信，长官，浪涛不会给登陆造成太大的困难。"

另一位是美国海军气象专家斯蒂尔海军少校。他在华盛顿时就以自己的才能赢得巴顿极大信赖。

恶劣的天气使艾森豪威尔将军也产生了疑虑。他的参谋人员又拟订了几种应急计划。但巴顿表示，无论多么困难，他都将按原计划执行。

巴顿提前两天已给全体官兵做了简短的战斗动员，他要采用铁腕战略，

即行动方向和步骤一旦决定就严格执行。但在战术上要灵活，要攻敌弱点。

再过40个小时战斗就要打响。情报很少，时间紧迫，而巴顿却必须作出最重大的决策。

他深知，决定一旦作出，自己将被推向命运之梯的又一级台阶。不管如何，只要尽职尽责了，剩下的就听天由命吧！

11月7日，离抢滩登陆的时间越来越近。下午，巴顿向他的全体部下发布了一个书面命令，命令这样写着：

士兵们：

我们正在前往西北非海岸登陆的途中。我们将受到祝贺，因为我们是被选入参加这次壮举的最适合的美国陆军。

我们的任务：一是强占滩地阵地；二是占领卡萨布兰卡；三是进攻德国人，不管他们在哪儿，都要摧毁他们。

全世界的眼睛都在注视着我们。上帝与我们同在，胜利一定属于我们。

巴顿

11月8日凌晨1时30分，正值阿尔及尔登陆特遣队开始登陆的时刻，巴顿在舰艇甲板上听到了由英国广播公司播出的罗斯福总统熟悉而又响亮的声音。

罗斯福总统宣布了登陆的开始。可是这让巴顿心中不快，因为美国决策机关没有接受他延迟广播总统讲话的时间。

事实上，巴顿他们两个半小时之后，才能开始登陆，天晓得这会给他的行动增加多少麻烦！两个小时后，巴顿的庞大舰队渐渐靠近海岸线。特遣部队进入战斗前的紧张准备。

包括西线特遣部队在内的3支特遣部队的地面部队，由巴顿指挥，司令部是按一支集团军的规模结构设立的，登陆后称为第五集团军司令部。

　　西线特遣部队由3支特遣分队组成：卢西安·特拉斯科特少将指挥北线特遣队在梅赫迪亚登陆；乔纳森·安德森少将率领中央特遣队在费达拉登陆，欧内斯特·哈蒙少将指挥南方特遣队在萨菲登陆。空军部队由约翰·坎宁安准将指挥。

　　萨菲是位于卡萨布兰卡以南24千米的一个小镇，这里有一个小型的人工港口。这儿有维希政府法军驻守，用130毫米的岸防炮封锁入港处。他们已经接到上级加强戒备的命令。

　　哈蒙少将组织部队分批在此登陆。4时38分，登陆艇接近海岸，在美舰猛烈炮火的掩护下，部队顺利登陆。

　　进攻梅赫迪亚的行动遇到较大挫折。梅赫迪亚位于卡萨布兰卡以北约80

巴顿（右）、艾森豪威尔（中）和布拉德利将军（左）

千米，靠近利奥特港机场，控制了它就可以掌握卡萨布兰卡的制空权。

巴顿亲自掌握中央突击队进攻费达拉地区，这是"火炬"战役的重点，由第三师、第二装甲师第六十七装甲团第一营以及从12艘运输舰上登陆的特种部队共19000余名官兵发起进攻。

费达拉位于卡萨布兰卡以北约24千米，这里的港口是摩洛哥在大西洋沿岸唯一设备良好的港口。

第三师的任务是在费达拉港附近登陆并建立滩头阵地，然后向南进攻卡萨布兰卡。

法军在这里的兵力部署十分严密，密集的岸炮和野炮群扼守着海滩地带，对美军选择的4个滩头构成了火力封锁。地面部队有数千人，海面上还有一支较大的法国舰队助阵，形势对美军十分不利。

美军原先想得到法军的礼遇，派出了代表与法军司令部谈判，要求他们放弃抵抗。然而得到的答复却是隆隆的炮声。

美军"威尔克斯号"引导着4艘舰船驶抵进攻发起线，登陆部队立即从运输舰下到登陆艇，向海滩进发。在登陆过程中，有20多艘登陆艇翻沉，不少士兵落水而死，各个编队之间失去联络，情况非常糟糕。

美军登陆部队的行动终于被发觉，法军立即用重机枪和大炮表示"热烈欢迎"。

6时左右，巴顿的部队恢复了秩序，冒着炮火抢占登陆点瓦迪内夫夫克小三角湾。步兵第十五团登上位于布隆丹桥炮台下登陆地点的最北端的蓝色二号海滩，第三十团的先头部队则登上了在费达拉角和75毫米火炮下的最南端的红色一号海滩。

这时，布隆丹桥上的舍基堡和费达拉角上的大炮分别向两处海滩凶狠地倾泻弹雨。为了掩护大部队顺利登陆，休伊特海军少将命令舰炮一齐开火，顿时把法军大炮打成了哑巴。舰载飞机也一批一批地飞临卡萨布兰卡上空，实施轰炸和扫射，完全控制了这一地区的制空权。

8时，是巴顿预定的登陆时间，他的登陆艇正在吊架上，装载着他的全部

行装，准备下水。正在此时，有7艘法国军舰从卡萨布兰卡港冲了出来，它们以猛烈的炮火向美舰和登陆艇射击。

"奥古斯塔号"立即加速前往拦截。不料，当它的主炮开火齐射时，将巴顿的登陆艇的底部一下子震垮了，全部用品"哗啦啦"掉入大海，巴顿无法登陆了。

巴顿目睹了有生以来从未见过的精彩激烈的一场海战。

在巴顿的心目中，只有骑兵才是真正冲锋陷阵的斗士，只有坦克部队才有摧枯拉朽的威力。而眼前，他看到几十艘庞大的钢铁舰船在辽阔的海面纵横驰骋，巴顿不由得对海军开始刮目相看，并产生由衷的敬意。

一场海上恶战持续了5个小时，以美军的胜利宣告结束。巴顿于中午12时42分开始登陆。

当巴顿的登陆艇离舰时，水兵们挤在舷栏边向巴顿欢呼。巴顿在13时20分上岸时，浑身早被海浪打得湿透了。前方还有许多仗要打，而他的枪里连一颗子弹也没有。

这时，巴顿得到哈蒙的消息，萨菲已经拿下，特拉斯科特将军也已开始向纵深方向发展进攻。情况似乎在一步步地转好，可巴顿来到岸上之后，却发现费达拉滩头根本不是那么回事。

"我们看到的情况非常糟糕。"巴顿后来写道。

当时，虽然船只不断地驶来，但是卸货之后，却没有人把船推开。法国的飞机在低空扫射，美国士兵只能在枪炮还比较远时就躲开隐蔽，这样就耽误了卸货工作的进行，特别是弹药的卸货。而在这个关键的时刻，弹药的充足与否是具有决定性的。

安德森的部队经过一场激烈的战斗之后也进入了巩固阵地阶段，这并不是由于没有向前发展的机会，而是因为缺乏支援武器、车辆和通信设备。此时，对法军的劝降工作严重受挫，法国的米什利埃将军不合时宜的虚荣心使他拒绝投降。

由于岸上通信工具普遍发生故障，巴顿既得不到萨菲的消息，也不知道

梅赫迪亚的消息。看来只有各自为政了，巴顿心中突然冒出了这样的念头。

巴顿判定，运输供给是赢得这场战争的关键，他决定亲自过问这件在别人看来是次要的事情。

11月9日一大早，巴顿穿着一身漂亮的军装，精神抖擞地站在海滩上。

在海滩上，他一边指挥，一边亲自推船，干了整整18个小时，浑身上下都湿透了。

巴顿身先士卒的表率作用，给美国士兵以极大的鼓舞。

奇迹出现了，经过巴顿一天的指挥，西线费达拉海岸的官兵们精神为之一振，各种物资也源源不断地运上了岸，阵地有条不紊了。

巴顿对自己这一天的工作十分满意。他后来回忆这一天时写道："我认为，自己对于最初登陆的成功，起了相当大的作用。"

巴顿感到，在整个摩洛哥战役中，这是唯一值得提起的一段插曲，可以用来证明他的亲自干预有一定的价值。

11月9日，终于传来了萨菲和梅赫迪亚的好消息。这两支部队都取得了很大进展，而巴顿在费达拉却无计可施。

10日，巴顿下定决心，对卡萨布兰卡发起全面进攻，迫使它投降。

在当初拟定"火炬"计划之时，艾森豪威尔曾许诺，如果其他方法均不能获得成功，可以威胁从空中轰炸和从海上炮击迫使卡萨布兰卡投降，而且在必要时把威胁变为行动。但同时明确规定，巴顿在采取这一极端行动之前必须向他请示，并得到他的明确同意。

此时此刻，巴顿已顾不得许多，他决计来个先斩后奏。巴顿下达命令，要求休伊特海军少将在"奥古斯塔号"上准备好炮火，麦克沃将军在"突击队员号"航空母舰上准备好轰炸机，安德森则做好地面进攻准备。同时，巴顿命令第三师的前锋迂回到卡萨布兰卡的东南角，做好战前侦察和突击准备。一切安排妥当，巴顿决定，11月11日上午7时30分发动进攻。

11月11日凌晨4时30分，一名法国军官来报，拉巴特的法军已经停火。

参谋部所有的人都主张取消这次进攻，可巴顿坚持要打。

巴顿让那名法国军官到卡萨布兰卡转告守将米什利埃海军上将，如果不想被消灭就立即投降，一旦开战，巴顿就不会再劝降了。

巴顿又给休伊特将军传话，如果法军在最后一刻放下武器，巴顿将通过电台发出停火信号。那时是5时30分，然而刚刚一个小时之后，法军就投降了。几乎就在法军投降的同时，巴顿的轰炸机已飞临目标上空，战舰也正准备开火。巴顿命令安德森率军进城，如遇抵抗立即打击。虽然没有人阻挡他，但从7时30分至11时这几个小时，是巴顿一生中最漫长的时刻。

11月11日14时，米什利埃将军和诺盖将军来谈投降条件。

巴顿首先对他们的明智选择表示了由衷的祝贺，最后巴顿还和他们庆祝了一下。不过接下来的日子，巴顿感觉并没有多么好受，因为他只能驻扎在摩洛哥。

驻扎的意思就是等待。在战争中等待，也许是巴顿最难熬的日子，除了经常和摩洛哥国王聊天之外，他实在找不到什么有趣的事情。

巴顿感到非常不痛快。

夺取盖塔尔
战役的胜利

1942年12月19日，是摩洛哥的重大节日宰牲节。虽然这是在战争时期，但是既然摩洛哥还算太平，就还要举行。

当时的摩洛哥国王邀请了驻扎在自己国家的军队首长，其中当然少不了巴顿，另外还有各师师长，以及40名官员。

宰牲节的开幕仪式在王宫举行。不过巴顿却没有多少心思花费在这方面，他渴望自己能够早日进入战争之中。

巴顿和法国的诺盖将军站在同一辆车上检阅仪仗队，这是一辆卸掉顶篷的侦察车。仪仗队的英姿令群众大开眼界，巴顿听到阿拉伯人的阵阵欢呼声。

驻扎在摩洛哥差不多两个月了，巴顿天天真的很心急。

1943年1月1日一大早，巴顿他们首次遭到空袭。大约3时15分，3枚炸弹最先炸响，把巴顿从沉睡中惊醒。

巴顿在屋子中央点上灯，拉上窗帘，穿了几件衣服，5分钟后上了房顶。铅云低垂，大约仅有700米高，风雨交加。

巴顿让所有的探照灯都打开了，光柱仿佛在云层中刺出一个个大洞。高射机枪霎时密集开火，弹道划破晨空。

5分钟后，一团夹杂着章鱼触角般火舌和火球的巨大闪光突然出现，耀眼的火光持续了约10秒钟，其间并未发生什么事。

随即，巴顿听见了刺耳的飞机引擎声和即使看不见飞机也会实射的高射炮的开炮声。

噪声持续着，不久有一架四引擎轰炸机迎面从巴顿的房顶掠过，同时也被两道探照灯光罩住。几乎所有附近的高射炮立即向它开炮，横飞的弹道映衬着它的黑影，一团团随即变成黑烟的白炽色的爆炸将它包围。尽管这架敌机的高度不超过600米，也许正因为这个高度，它全身而逃了。有人认为它被击中了，可巴顿觉得没有。

巴顿还能听见云层外别的飞机声和不时的轰炸声。一块弹片下落时从巴顿身边呼啸而过。

巴顿派军官们到各处了解情况，不久他们就纷纷打来电话。防务一切正常，这让巴顿宽心了不少。

大约在凌晨4时45分的时候，巴顿听见另一架轰炸机从自己的屋顶飞过，他凭声音判断，这架飞机应该是四引擎的。因为这架飞机飞得实在太低、太大胆，所以强烈吸引了地面的火力。

巴顿几乎敢断定，这架自鸣得意的飞机在朝欧洲方向消失前，至少被美军的炮火击中两次。

这架飞机刚逃跑，巴顿又听到有一波炸弹在一个高射炮连附近爆炸。

巴顿的副官斯蒂勒中尉立即前去打探爆炸的确切位置和伤亡情况，结果大家都安然无恙。随后，一切都安静下来了，巴顿觉得空袭已过，于是就回去睡觉了。

谁知道，大约5时30分，空袭又来了，还没来得及躺下的巴顿，又再次来到屋顶。轰炸声此起彼伏，巴顿的炮兵和海军舰艇的防空火力也异常猛烈，场面非常壮观。

此时乌云已经消散，一架敌机在巴顿他们前方约1200米高的上空被探照灯盯住，惹发地面的阵阵狂轰。可它突然下降了1000多米，得到了地面所有方向的火力关照。

但这架飞机竟然从火力网中直蹿出去继续轰炸，约飞行了4千米后来了个倒栽葱，几乎扎进海里。当时它的一两个引擎已冒起浓烟，眼看就要完蛋，可在碰到海面前竟然消失在了烟雾中。

等天一亮，巴顿就立即去了解空袭后的情况，并同士兵们进行了交谈。士兵们表现很镇静，一名炮兵说，一枚炸弹在50米外爆炸，他们班一个人也没被炸死，只不过被泥块和石块擦伤了。

轰炸留下的弹坑约有普通卧室那么大，每个弹坑里都有许多弹片。巴顿搜集到了一些弹片，以此推知敌机的弹型和引擎。

但是那些阿拉伯人可没这么幸运，至少有10个阿拉伯人被炸死，而且伤的更多。

坦克部队 ❂

10时，巴顿把全体飞行员和高炮部队军官召集起来开了个会，商讨防空计划并做必要调整。

巴顿表示，对现行防御体系还算满意，但还需要做一些改进。任务分派下去以后，很快这些改进措施就完成了。但是，巴顿现在想要的，不是这种坐在防御阵线后的生活，而是激情燃烧的战斗。

1943年1月中旬的时候，美英两国重要首脑齐聚卡萨布兰卡，召开重要会议。参加会议的除了罗斯福和丘吉尔，还有主要的军事顾问团。

这次会议确定了1943年的作战方针，打算下一步重点进攻意大利的西西里岛。这次战役被命名为"赫斯基"，巴顿的老朋友艾森豪威尔被任命为盟军总司令。

巴顿以东道主的身份接待了这次会议，他把各项工作安排得周密而细致，使全体与会者感到十分满意。

2月2日，艾森豪威尔给巴顿下达指示，要求他立即着手改编西线特遣部队，后来被叫做第一装甲军，并开始筹划"赫斯基"战役的有关准备事宜。

知道自己即将参加"赫斯基"计划，巴顿在拉巴特连夜改编西线特遣部队，并动员参谋人员开始为"赫斯基"战役拟订计划。然而，情况发生了突变，德军统帅隆美尔忽然来到了突尼斯，他的到来，使盟军遭受了重大打击。

在危急情况下，艾森豪威尔决定让巴顿去突尼斯，以挽救可能在再次攻击之下而瓦解的第二集团军。

3月5日下午，巴顿和艾森豪威尔会面之后，领受了自己的任务，接管第二集团军，整顿它的士气，接受英国亚历山大将军的直接指挥。

当天下午，巴顿飞往君士坦丁堡到亚历山大将军的第十八集团军群司令部报到。

亚历山大将军对巴顿充满了好感，巴顿对他的新上司也很满意，他对亚历山大将军十分尊重。巴顿的主要任务就是全力吸引和牵制德军兵力，并夺取加夫萨，为蒙哥马利提供前方补给基地。

马上就要和隆美尔这样的强劲对手作战，巴顿感到异常兴奋。

前不久，他曾在艾森豪威尔的司令部对海军中校布彻慷慨陈词：

我们一抵达北非，我就看出隆美尔将在突尼斯加紧攻势，并盼望与那个厉害的杂种厮杀一场。

巴顿感到愿望很快就要实现了，浑身充溢着一种说不出的冲动和快感。但令巴顿遗憾的是他的部队不是主力，而是给蒙哥马利当配角。

3月6日，巴顿率领手下，开着一队侦察车和架着机枪的半履带车，急速地驶向设在库伊夫山的第二军司令部。

巴顿头戴两颗星的擦得锃亮的钢盔，下颚露在钢盔带外面，就像一个战车驾驶员一样，站在装甲车上。

车队呼啸着开进那个满是土屋的破烂村庄，只见高高的天线在车顶上不停地摇晃着，喇叭的尖叫声把受惊的阿拉伯人从泥泞的街道上吓走了。就连那些当兵的，为了避免泥水溅到身上，也急忙躲进最近人家的门口。

就在巴顿赴任的这一天，隆美尔发动了梅德宁战役。但是隆美尔遭受重大挫折，被赶回马雷斯防线。隆美尔遭此打击之后，一气之下，于3月9日借口养病返回欧洲去了。

隆美尔的突然离去，一种失去对手的失落感油然而生，使巴顿不免扼腕叹息。

本来进攻日期是3月15日，但亚历山大为使它更接近第八集团军预定攻击时间，便推迟至17日。

巴顿对英军的保护主义和唯我独尊十分反感，但想到艾森豪威尔的嘱托就忍了下来，他准备通过侧翼的佯攻来帮助蒙哥马利突破马雷斯防线。

巴顿率领第二集团军于3月17日向两个目标发起了进攻。艾伦的第一步兵师先占领了加夫萨，18日又占领了盖塔尔。

沃德的装甲部队也夺取了斯塔欣—德塞内德，并做好了向马克纳赛展开

攻击的准备。第二集团军的进攻十分顺利，21日攻占了塞内车站，22日占领了马克纳赛。

23日，巴顿命艾伦率第一步兵师沿加夫萨——加贝斯公路向前推进，在早晨6时，他们与德军第十装甲师约50辆坦克相遇。在卡塞林山口战役中，第二集团军便负于他们之手，这一次第二集团军决心报仇。

战斗十分激烈，德军发动的两次进攻都被打退了。巴顿对这次战斗十分满意，他自豪地指出："硝烟一散，我没有看见一个美国士兵放弃阵地后退一步。"

在马克纳赛以东地区，第一装甲师受地形条件等的限制，未能取得较大进展。此时此刻，巴顿已将轴心国精锐的第十装甲师和一个意大利师吸引到北线来，完成了亚历山大交给的牵制德军力量的任务。

3月28日，巴顿组织部队从盖塔尔附近的阵地向加贝斯发动进攻。

巴顿以艾伦将军的第一师为左翼，埃迪将军的第九师为右翼，力求在德军阵地中打开一个缺口，以便为沃德将军的第一装甲师投入攻击打开通道。

德军十分清楚，退让就意味着轴心国北非战线的全面崩溃，所以拼死抵抗。战斗十分惨烈，双方损失都很惨重，美军只取得极少进展。

30日，巴顿命令部队暂停进攻，进行修整。

4月6日，巴顿接到命令，要不惜一切代价夺取396高地。然而，第二天早晨7时45分，巴顿又接到命令，让他尽最大力量援助英国第八集团军。

巴顿不喜欢亚历山大将军那种牺牲美军为英军胜利铺路的做法，但为了顾全大局，他接受了命令。

巴顿从第一装甲师中抽出精锐，组成由本森指挥的特遣队，再次发动猛攻。

战斗打得很残酷，双方伤亡人数不断增加。

可是这时巴顿却不顾个人安危，亲临前沿指挥。当部队被德军的地雷区阻住去路之时，他毅然驾驶吉普车在前开路，穿过雷区。

巴顿的英勇精神感染了所有的坦克兵们，他们也表现得非常勇敢，很

快，突击队与蒙哥马利第八集团军的先头部队会合了。

　　经过22天的血战，美军在盖塔尔战役中，取得重大胜利。巴顿下了一道嘉奖令，满怀激情地表彰了第二军将士的战斗精神和辉煌战绩。

　　盖塔尔战役的胜利，大大帮助了蒙哥马利对阿卡里特河阵地展开正面突击。这时可以说离整个突尼斯战役的胜利已经不远，德国非洲军团即将走向末路。

　　巴顿希望赶快进入战斗，结束非洲的战斗。可是，4月16日，马歇尔亲自给巴顿打来电话："你已经圆满完成了任务，证明了我们对你的信任。"

　　艾森豪威尔在两天前，还专门来到盖塔尔，对巴顿说："乔治，你该回头去搞'赫斯基'战役了，这里有人会接替你的。"

打赢西西里的
关键战役

　　"赫斯基"计划虽然早就提出来了，但是却一直没有真正成形，因为一直在更改，一直在酝酿。特别在后期，英国将军蒙哥马利的出现，致使整个计划都进行了改变。

　　蒙哥马利是第二次世界大战中英国的英雄，他在英国人民殷切期待之下应运而生，成为人们心中尊敬的将领和崇拜的偶像。

　　蒙哥马利以他那特有的执拗更改了计划，即巴顿在巴勒莫登陆的计划被取消。

　　很快，新的计划出台了，这一次的计划，完全是按照蒙哥马利的意见修改的。但是新的计划对美英两军的作战是不公平的。当时几乎所有的人都认为，蒙哥马利的做法不妥。

　　亚历山大心情紧张地向巴顿下达改变后的命令，他担心巴顿会有异常的反应。

　　不过还好，巴顿两个脚跟一碰，对征求他意见的英国上司行了个礼，只讲了一句话："将军，我不搞计划，我只服从命令。"

　　巴顿在盟军中赢得了大批同情者，尽管条件不佳，但大部分都认为他能占上风。

　　1943年5月中旬，盟军最高司令参谋部最终确定了战役实施计划。英国的第八集团军在西西里岛东部近50千米宽的正面登陆，美国第七集团军在南部110多千米宽的海岸登陆。

　　万事俱备，大战在即。

7月5日，巴顿秘密登上海军中将休伊特的新旗舰"蒙罗维亚号"。

巴顿兵分三路，由休伊特指挥的3支分舰队负责运送，它们的代号分别为"菩萨""角币""分币"。

巴顿随第一师去杰拉，空降兵第八十二师作为战略预备队。巴顿和休伊特两位老战友再度相逢协同作战，又高兴又激动，休伊特热情地款待了巴顿，并表示他将永远把第七集团军与海军联系在一起。

7月8日傍晚，部队集结完毕，一切准备全部就绪，如箭在弦，一触即发，可是在9日早晨，刮起了大风。

休伊特四处寻找巴顿，他想推迟登陆。巴顿咨询了气象学专家斯蒂尔海军少校的意见。这位气象学专家很有把握地回答道："我敢担保，至22时，风就会平息下来。"

22时30分，只比预测晚了半个小时，海平静下来了，当"蒙罗维亚号"来到西西里岛的海岸时，风几乎停了。

巴顿梦寐以求的时刻到来了！

所有人员都集合在甲板上，巴顿发表了简短讲话。海军向巴顿赠送了一面美国第七集团军的新军旗，这是除海军将领外得此荣誉的第一人，巴顿流下了激动的泪水。

7月10日凌晨2时45分，西西里战役开始了。

空降部队首先发动攻击，美军第八十二空降师和英军第一空降师的5400名官兵搭乘366架运输机和滑翔机从突尼斯出发，飞向西西里岛。

10日凌晨3时45分，巴顿和蒙哥马利指挥的16万美英登陆大军分乘3200艘军舰和运输船，在1000架飞机掩护下，在西西里岛的西南部和东南部实施登陆。

海岸意军士气低落，仅进行了微弱抵抗。

至中午时分，巴顿和蒙哥马利的部队顺利地登上了各自的目标滩头，并保持着攻击态势。夺取滩头的战斗十分顺利，3处登陆地点在一开始仅遭到了微弱抵抗。

巴顿和蒙哥马利指挥的这次登陆初战告捷，不过是整个西西里战役的序幕，决定性的战役还在后头。

意大利的古佐尼将军是一员沙场老将，他对形势作了冷静的分析和判断，下令守在尼斯切米和卡尔塔吉罗内的坦克部队，还有德国装甲部队，一起向杰拉登陆的盟军发起反击，意图乘他们立足未稳将其赶下海去。

8时30分，意军的坦克隆隆地向杰拉开来了。尽管它们都是一些老式的轻型坦克，但是由于美军的重武器还没有运到，手中的轻武器无法抵挡，被纷纷逼到街道两旁的楼房里隐蔽起来。

突击队长达比中校见势不妙，跳上自己的吉普车返回码头，把刚刚运到岸上的一门火炮搬到了自己的车上，然后很快转回，进行还击，终于把意军的第一次冲锋击溃了。

意军曾一度摧毁了美军的前哨阵地，冲到接近海滩的沙丘地带。

在此关键时刻，美国海军的舰炮再次发挥威力，使敌军的几次攻势严重

美军两栖登陆部队（浮雕）

受挫，被迫撤退。

第一天的战果使巴顿非常满意，但巴顿也清醒地意识到，美军的当务之急是把火炮和坦克赶紧运上岸。否则，如果第二天敌人的装甲部队发动全面反攻，后果将不堪设想。

因此，他命令第二装甲师和第十八团迅速做好战斗准备，并决定第二天亲自登陆指挥作战。

结果正如巴顿预料，古佐尼将军下达了命令，天一亮就对杰拉发起突击。

7月11日6时40分，德军中型坦克冲破了步兵第一师第二十六团第三营的阵地，正在向美军的纵深发展。

还好巴顿亲自出马，指挥战斗，终于抵挡住了德军的进攻。这天巴顿在火线上连续指挥了9个小时。

7月12日，巴顿的第七集团军继续稳步推进，在以后的3天时间里，陆续攻占了科米索、比斯卡和蓬蒂·奥立佛3个机场，滩头阵地的最后目标也已占领。

第四十五师占领了西西里的军事重镇、古佐尼将军的司令部所在地恩纳。这原本是蒙哥马利第八集团军预定攻占的目标，现在却被进展快速的巴顿抢先一步占领了。

而蒙哥马利第八集团军，却让人有点失望。他们不但进展缓慢，而且一度被堵住了去路，走不动了。

英国将军蒙哥马利，是一个与巴顿性格差别很大的军事家。蒙哥马利做事稳重，为了不遭受失败，他即使是以让敌军逃脱为代价，也在所不惜。

正是因为这样，蒙哥马利的步伐总显得慢吞吞的。由于蒙哥马利优柔寡断，使轴心国得以调兵遣将，形成了坚固防线。

蒙哥马利选择了处于山另一侧的117号公路，打算转移主攻方向，但117号公路是美军第四十五师的通路。

怎么办？蒙哥马利说服了亚历山大下令给巴顿，要他让出公路。

好发脾气的巴顿这次却一改以前的坏脾气，他竟然一言不发地无条件地执行了命令。其实，巴顿并不是真正想给蒙哥马利一个机会，而是他看到由于他的竞争对手的迟延，他的机遇不期而至，他不想通过一次毫无意义的争吵而丧失良机。

向北的通路没有了，第七集团军只有向西进展。这时，亚历山大的政策也开始向巴顿的第七集团军倾斜。

7月17日，巴顿去拜访亚历山大，完全解开了套在巴顿身上的绳索，巴顿可以放手去干了。

解除了束缚手脚的枷锁，巴顿立即大刀阔斧地行动起来。巴顿把第三师、第八十二空降师和第二装甲师组成了一个临时暂编军，由凯斯将军指挥，对巴勒莫实施决定性的攻击。

必要时，由布莱德雷率领第二军横穿西西里岛中心从东面攻打巴勒莫，或有可能，折向东面攻打墨西拿。

7月19日，巴顿下令快速挺进，5天之内拿下巴勒莫。暂编军各部队立即向前推进。

20日，巴顿又下令组成一支特遣队，用于攻占卡斯特尔维特拉诺，并把第二装甲师调上来参加决战。

21日，达比指挥的特遣队占领了卡斯特尔维特拉诺。22日，达比的特遣队沿海岸线挥师西进。

第二装甲师也投入了行动，向东北迅速推进到巴勒莫郊外。与此同时，特拉斯科特的第三师强行军从科列奥奈赶到东南的阵地。

暂编军闪电般地抵达巴勒莫，使城内守军惊慌失措，根本无法组织任何有效的抵抗，投降成了唯一的出路。凯斯将军命令第二装甲师开进城内，并指示特拉斯科特将军派第三步兵师的部队去保护重要设施以防破坏。

当晚22时，两名诚惶诚恐的意大利将军代表该城守军向凯斯将军表示投降。

午夜时分，巴顿乘车进入巴勒莫，凯斯和加菲在市中心的四角广场迎接

他。公路两边站满了人，他们高呼"打倒墨索里尼！"和"美国人万岁！"的口号。

巴顿进城时，市民们把鲜花放到美军经过的路上，并捧出很多的柠檬和西瓜。

24日，巴顿返回阿格里琴托的集团军指挥所，在一座宽敞的混凝土建筑的大厅里举行了记者招待会。

巴顿笑容可掬地大步走进会场，一双蓝色的眼睛闪烁着胜利的神采。他身着一件定做的马裤呢衬衫和紧身马裤，腰间吊着一支柄上镶有珍珠的手枪。

"先生们，"他说，"我们走了300多千米的崎岖道路才到巴勒莫。我们推进速度之快，以及我们所经路途之艰难，比起德国人所经历的一切都有过之而无不及。我们没有给他们一丝喘息的机会。"

然后，巴顿向记者公布了巴勒莫作战的统计数字：俘获敌军约44000人，打死打伤6000人，击落敌机190架，缴获大炮67门；美军在四天时间里推进300多千米，仅伤亡300余人。

亚历山大及时发来电报："这是一个伟大的胜利，你们干得漂亮极了，我向你和你的全体优秀官兵致以最衷心的祝贺。"

巴勒莫战役的胜利，在国际上也产生了巨大的反响，极大地鼓舞了同盟国的士气，并迫使墨索里尼于7月25日辞职。

巴顿又一次名扬四海，人们一致肯定了他的进攻精神，还有他越来越成熟的指挥艺术。

艾森豪威尔将军也对巴顿在巴勒莫战役中的表现，进行了高度评价，他这样说："他的迅速行动很快使敌人只剩下墨西拿一个港口，它挫伤了庞大的意大利军队士气，并且使巴顿的部队能够由西部进攻，以打破东线的僵局。"

巴勒莫战役结束后，墨西拿迅速成了孤岛，于是拿下这个孤岛，便成了整个西西里战役中的具有决定性的一战。

巴顿的第七集团军很快就开到了墨西拿面前，他希望自己能走在英国人前面，拿下这个港口城市，从而使西西里战役早日结束。

7月31日，巴顿高擎自己的指挥刀，下达了进攻墨西拿的命令。

布莱德雷将军指挥的第二军包括第一师、第三师和第九师，都对巴顿的进攻给予了有力增援。

第二军从圣斯蒂劳诺到米斯特雷塔，以及尼科西亚一线，沿113号和120号公路发动主攻。

在德军寸土必争的抵抗下，巴顿的第七集团军推进缓慢，随后一周内战况的发展，把巴顿弄得焦头烂额。

8月初，美军不仅未能够突破德军设置的防线，反倒遭到重大伤亡，战役计划难以按时完成。

更重要的是蒙哥马利已经取得重大进展，如果美军战况仍无好转的话，美军就得为未完成战役任务受到世界的指责，巴顿将成为这场竞争的失败者。

8月6日，巴顿把自己的营地移到海边一片橄榄树林中。该地此时已在德军炮火射程之内，炮弹不时在山谷中爆炸，弹片呼啸地飞过树林。

巴顿之所以迁移到海边，主要就是为了能就近指挥这次战斗。巴顿命令第三十步兵团第二营改编成一支小型的水陆两栖部队在圣阿加塔以东大约3千米的海岸登陆。

8月7日夜间，第二营开始进攻，至8月8日凌晨4时，业已占领阵地，把战线向东推移了近20千米，迫使德军不得不迅速后撤。

8月10日，第三师接近布罗洛，预定在布罗洛同伯纳德中校的海上登陆部队会合。但是，特拉斯科特的前进速度不够快，无法按时抵达布罗洛，于是会同布莱德雷恳求巴顿推迟一天登陆。

这使巴顿心急如焚，德军似乎已经觉察出盟军的动态。同时友军蒙哥马利已经由东海岸绕过埃特纳火山，面前的意大利军队已是不堪一击，他马鞭直指墨西拿。

巴顿认为计划不能再拖延了。在巴顿的鼓动下，两栖登陆战役终于如期进行。巴顿的确是在冒险，当天9时30分，德军开始反击。

13时40分，伯纳德请求援助，但是第七步兵团和第十五步兵团离指定位置还很远。

18时30分，伯纳德命令部下给海军让路，表明已经准备撤退了。

巴顿面临着输掉这场战斗的危险。幸运的是援军在紧急关头终于赶到，22时，消息报到巴顿处，巴顿终于松了一口气。这场战斗对于美军，对于他本人来说，关系实在重大。

第二天凌晨，哈金斯上校给巴顿打来电话报捷，原来袭击获得圆满成功。

8月17日，特拉斯科特率领第七集团军第二师首先进入墨西拿，并很快控制了局面。

10时30分，巴顿身穿漂亮的华达呢军装，乘坐有3颗银星的指挥车，以征服者的姿态进入了墨西拿城门。

墨西拿战役，巴顿再次表现了自己的卓越军事才能，甚至他的英国盟友们，也开始非常佩服他。

突破德军防线
渡过莱茵河

第七集团军攻占墨西拿后，美军在英军面前终于可以扬眉吐气了，巴顿也由此名声大振，在一片赞扬声中他开始有些飘飘然了。

然而，当蒙哥马利和美军另一将领克拉克指挥盟军在意大利本土作战，布莱德雷调往英国组织军队准备"霸王战役"时，巴顿却因打了一个勤务兵耳光而引起舆论哗然，致使他未受到重用。

1943年下半年，巴顿带领了一些参谋人员在马耳他、科西嘉等岛屿游荡，以迷惑敌人。

直至1944年1月，巴顿才接到新的任命，担任第三集团军司令，其任务是在即将开始的"霸王战役"中，负责在先头部队发动进攻后继续扩大战果。

但巴顿到英国就职时，第三集团军的士兵基本上还在美国，巴顿仅在英国西部面临爱尔兰海的小城克纳兹福德建立了集团军的司令部。

同时盟军首脑为了不让德军知道登陆的实际地点，在离法国加来港最近的英国一侧的多佛尔设立了一个假司令部，巴顿扮演了假司令，以吸引德军的注意力。

这一任务使巴顿很不高兴，但却达到了预期的目的，使德国将重兵布置在加来港附近，减轻了诺曼底登陆的压力。

1944年6月6日，第二次世界大战中的关键战役诺曼底登陆开始。布莱德雷率美第一集团军迅速登陆，占领了滩头阵地。巴顿虽于7月6日飞抵战场，但因第三集团军仍未集结完毕，无法投入战斗。

7月25日，布莱德雷又发动了"眼镜蛇战役"，继续扩大战果，他命巴顿为第一集团军副司令，到前线指挥第八军向阿维兰斯穿插。

巴顿以装甲兵为先导，于7月底夺取了阿维兰斯，打通了前往布列塔尼的大门。

8月1日，布莱德雷晋升为第十二集团军群司令，下属第一和第三两个集团军。

巴顿指挥的第三集团军这时已集结完毕投入战斗。在行动之前，巴顿召开了军官会议，号召大家要一往无前，不要担心侧翼缺乏保护而踟蹰不前，也不要占领一个地方就先考虑如何坚守，而是要无畏地前进。

他对大家说："记住，从现在起直至胜利或牺牲，我们要永远无畏！"

本来第三集团军的任务是向西攻占布列塔尼地区，但巴顿认为用如此庞大的兵力去占领该地区既是一种浪费，又会贻误向其他地方进攻的战机。

于是，巴顿仅派了一个军向西发展，攻占了布勒斯特，派另一个军去攻占东面的布列塔尼首府雷恩，接着又夺取了东南方的翁热。还有一个军挥师

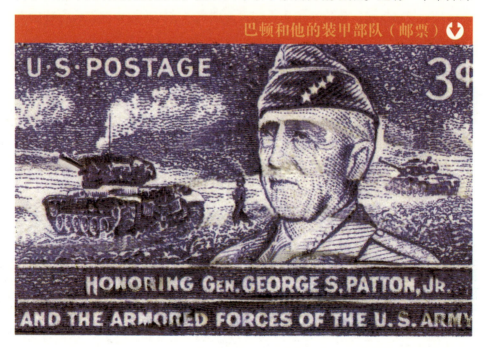

巴顿和他的装甲部队（邮票）

东进，占领了翁热东北的勒芒。

这样，巴顿的军队以猛烈的进攻和迅速的推进，打破了德军在诺曼底灌木篱墙地区的防御，把局部性战役变成了全面的运动战。

当巴顿乘坐吉普车与胜利的部队一起向东进发时，他望着辽阔战场激动地高喊："难道还有别的什么东西比这更壮观吗？"

8月9日，德军派出一支部队企图夺回阿维兰斯。巴顿得知后，立即向布莱德雷建议第三集团军向北推进，以切断德军的退路。

8月13日，巴顿攻到阿尔让唐时，向布莱德雷请求，越过与蒙哥马利率领的英军第二十一集团军的界限继续向北推进到法莱斯地区。但布莱德雷却命令巴顿停止进军，等待蒙哥马利的主动邀请。

而蒙哥马利认为加拿大集团军能迅速从康尼南下到法莱斯，于是便没向美军发出邀请，以免功劳全被巴顿抢去。结果等3天后加军到法莱斯时，德军已从阿尔让唐和法莱斯之间逃走。

为了弥补这次未能全歼德军的损失，巴顿又说服了布莱德雷让他率军向东去堵截这股逃敌。当德军逃到巴黎后面的塞纳河时，意外地发现巴顿的军队阻挡在前面。

德军被迫往下游去渡河，打算过河后凭借塞纳河重筑防线。但巴顿早已派一个师先渡河，使德军的这一打算落空。

此后盟军的其他部队向北推进，进攻比利时和卢森堡，夺取沿海城市，巴顿则率领第三集团军从巴黎与奥尔良的缺口向东突进。

他用装甲师为先锋，一刻不停地进攻，逃跑的残敌留待后续的摩托化步兵师去解决。8月底，巴顿率部抵达马斯河。

这时巴顿向上司建议立即突破德国西部的齐格菲防线，强渡莱茵河进入德国本土，提前结束战争。但英军的蒙哥马利强烈要求在北部发动一场大规模攻势，艾森豪威尔便命令巴顿率第三集团军作为侧翼配合英军行动，同时减少了该集团军的卡车和油料供应。

在这种困难的条件下，巴顿仍坚定地命令部队快速推进。他下令将坦克

燃料集中起来供1／4的坦克部队高速前进，后勤人员尽自己的能力去想法搞汽油，他亲自驾驶着缺乏汽油的吉普车到布莱德雷的指挥部去要汽油。

这样至8月31日，巴顿已率军渡过了马斯河，跨过了凡尔登并逼近梅斯。但因推进速度太快，后勤补给跟不上，集团军的推进被迫停顿下来。

希特勒下令集中了13.5万军队重新加固了齐格菲防线，巴顿于9月再次发动了进攻，但未能突破防线。

12月16日，德国又集结了25个师在阿登地区对盟军发动了突然反攻，即所谓"悲哀之战"。

美第一集团军猝不及防，被德军突破了防线，使德军推进达50千米。对于德军的这种反击，巴顿早已根据获得的德军集结的情报，察觉出其行动的大致方向。

他事先已命参谋部拟定了一个计划，让第三集团军放弃向东的推进，准备向北方的卢森堡进攻，以打击德军的侧翼。

12月20日，艾森豪威尔在凡尔登召开会议，部署如何对付德军的这次反扑。当艾森豪威尔询问巴顿的部队何时可以对德军侧翼发动进攻时，巴顿回答说48小时以内便可向北进攻。

与会者都大吃一惊，因为要把一个军从东向北转移是一件非常复杂的工作，对道路的使用和补给系统都必须做重大变更，这在短时间内是不可能做到的。所以，艾森豪威尔听了巴顿的保证后也不太相信地说："乔治，别胡闹！"

但巴顿因早有准备，很快便调动了部队，于12月22日凌晨向德军发起进攻。他用一个军加强卢森堡城的美军阵地，另外两个军去解救被围困在巴斯托尼的美国伞兵师。巴顿不顾天气恶劣，驱使部队全速前进，拼命狂奔。

12月26日，第一批装甲部队就已率先突入被德军围困的巴斯托尼城，击退了德军对该城的围攻，保住了这个重要的交通枢纽。这时天气开始好转，盟军出动大批飞机对德军及其交通线进行轰炸。

至1945年1月底，由于苏军在东线的进攻，使德军首尾不能相顾，"悲

哀之战"以德国的悲哀而宣告瓦解。美国的两大集团军的战线重新联结起来，巴顿的这次奔袭解围也成为军事史上的杰作。

德军的反攻被粉碎后，盟军司令部决定让蒙哥马利率英军在北部向德军发起主攻，巴顿的集团军在原地防御。

巴顿对这种安排又是一肚子的气，认为是对自己作战能力的不信任，同时也认为这样不利于对德军的全面进攻。于是巴顿仍然命令部队在南线与北线的英军平行向东推进。

1945年3月12日，当北线的英军攻陷德国西部的特里尔时，巴顿将军的部队也在南部攻到了莱茵河畔，消灭了河西的德军。为了突破齐格菲防线、深入德国腹地以扩大战果，巴顿急需增加一个装甲师。

3月16日，艾森豪威尔的飞机因风雪在巴顿的机场短暂停留时，巴顿尽自己的能力盛情款待这位盟军最高总司令，使他在非常高兴的情况下答应给巴顿再增派一个装甲师。在兵力增强之后，巴顿立即沿莱茵河向北进军，目标直指美因兹和科布伦茨。

在这次迅雷不及掩耳的进军中，巴顿的第三集团军突破了德国的齐格菲防线，击溃了德国的两个集团军并将其大部歼灭。

3月22日夜，巴顿乘胜追击德军并渡过了德国人视为防守屏障的莱茵河。

第三集团军抢在英军之前过河并建立了两个桥头堡，巴顿再次为比赢了英军而兴奋异常，他在击退了德军反扑，巩固了桥头堡后给布莱德雷通电话时大叫："快向全世界宣布，我们已经渡过了河！""我要让全世界知道，第三集团军在蒙哥马利之前就渡过了莱茵河！"

4月，德军的防御已陷于全面崩溃，盟军司令部部署了对德作战的最后行动，布莱德雷的集团军群继续向东北进攻，深入德国内地，直趋易北河和穆尔德河，一直打到莱比锡和德雷斯顿与苏军会师。

巴顿率领第三集团军很快推进到了捷克斯洛伐克西部边境，但根据同盟国达成的协议美军不能进入捷克境内。

这时盟军司令部获得情报，一些纳粹分子正在阿尔卑斯山建立所谓"全

国防御堡垒"，集结军队和物资企图继续进行战争，便命令巴顿改变进军方向去消灭那里的敌人。

4月17日，巴顿在报纸上得知自己晋升为四星上将，他感到很高兴。

4月20日，按照盟军司令部命令，巴顿率领第三集团军向西南发起了强大的攻势，结果发现这个"全国防御堡垒"只是一个不堪一击的军事要塞。

5月2日，苏军攻进柏林后，巴顿再次希望能率军攻入捷克首都布拉格，但布莱德雷接到艾森豪威尔的命令，坚决制止巴顿的这种违反与苏联达成的协议的行为，尽管巴顿大声抗议也毫无作用。

5月9日，欧战结束，巴顿成了德国巴伐利亚州军事长官。他因为战功卓著而在欧洲各地受到赞扬，他一度成为仅次于艾森豪威尔的最受美国人民欢迎的将军。

将星纵横

第二次世界大战著名将领

尼米兹

　　切斯特·威廉·尼米兹，美国海军五星上将。第二次世界大战太平洋战争期间，担任美国太平洋舰队总司令及太平洋战区盟军总司令，为美军消灭日本海上力量，争取对日作战的最后胜利作出了巨大贡献。日本宣布无条件投降之后，尼米兹代表美国参加日本投降仪式。战争期间，尼米兹曾获得3枚"优异服务勋章"，10月5日被美国政府定为"尼米兹日"。

肩负重任
拉开反击战序幕

  1885年2月24日，切斯特·威廉·尼米兹出生于美国得克萨斯州的弗雷德里克斯堡。1901年9月，尼米兹考入安纳波利斯的美国海军学院。4年之后以优异成绩毕业，赴战列舰上实习。实习期满即获海军少尉军衔，成为"帕奈号"炮舰艇长。同年越级晋升为海军上尉并改任潜艇军官。

  1920年6月，尼米兹奉命前往珍珠港修建潜艇基地。同年年底，晋升为海军中校，就任基地司令兼第十四潜艇分遣队司令。1922年，尼米兹进入海军军事学院深造。

  1938年6月，尼米兹荣升海军少将，成为第一战列舰支队的最高指挥官。

  1941年12月17日，尼米兹接受了太平洋舰队总司令的职务，升为四星海军上将。自从尼米兹上任以来，经过几十个不眠之夜的酝酿，海空反击终于拉开了序幕。

  1942年1月11日，哈尔西海军中将从珍珠港率领由2艘航空母舰、3艘重巡洋舰、6艘驱逐舰组成的舰队，秘密地去袭击马绍尔群岛和吉尔伯特群岛。

  1月31日，哈尔西亲率第一特混舰队空袭了马绍尔群岛的几个岛屿，美军以微不足道的代价基本摧毁了日军在这些岛上的战略设施。

  弗莱彻少将指挥的第二特混舰队对马绍尔群岛以外一些岛屿以及对吉尔伯特群岛的袭击则收效甚微，美军在暴风雨中损失6架鱼雷机，仅击沉日方1艘小型飞机补给舰。

  根据海军作战部的命令，尼米兹把"企业号"编队和"约克城号"编队合在一起，参加对威克岛的袭击。

2月14日，哈尔西率"企业号"及其护航队踏上征途。次日，弗莱彻的"约克城号"编队跟进。

不久，尼米兹被任命为太平洋海区总司令，管辖除中南美洲航线以外的其他太平洋海区，负责指挥该海区的美国和盟国的陆、海、空三军部队。

尼米兹一直在探究日军即将发动新攻势的详情。后来，根据情报部门破译日本电报的消息，尼米兹心急如焚。麦克阿瑟对莫尔兹比港受到威胁也感恐慌。

麦克阿瑟正计划把莫尔兹比港建成一个重要基地，借以阻止日军进攻澳大利亚，并作为重返菲律宾的出发基地。两位将军一致认为，必须遏制日军的进攻。

尼米兹深感忧虑的原因在于，他手中的兵力十分有限。麦克阿瑟也只有200架飞机，飞行员都没有经过海上作战和识别军舰的训练。如果要有效地阻挡日军，必须动用航空母舰上的飞机力量。

然而，航空母舰"萨拉托加号"正在美国西海岸整修，"企业号"和"大黄蜂号"载机空袭东京尚未归来，唯一可以调派的是奥布里·菲奇海军少将率领的以"列克星敦号"航空母舰为中心的特混编队。

菲奇于5月1日与弗莱彻海军少将指挥的以航空母舰"约克城号"为中心的另一支特混编队会合。麦克阿瑟的小舰队为弗莱彻派出一支增援部队，其中包括由英皇家海军少将克雷斯指挥的"芝加哥号""澳大利亚号"和"霍巴特号"重巡洋舰。它们分别从新喀里多尼亚的美海军基地努美阿和澳大利亚火速驶往珊瑚海。

5月5日，这些海上兵力合编为美第十七特混编队，由弗莱彻海军少将任总指挥，编队摆开决战架势。

日军原本打算在3月份占领莫尔兹比港和图拉吉港，但由于美航空母舰部队进至西南太平洋，而当时日本在这一带海面上势力不足，不得已将作战计划推迟至5月初实施。

4月下旬，日军一支又一支援兵开进特鲁克军港，南云部队的大型航空母

舰"翔鹤号"与"瑞鹤号"以及联合舰队的轻型航空母舰"祥凤号"充实到井上成美指挥的日本第四舰队中去。

5月3日，日军攻击部队出师告捷，顺利占领图拉吉岛。

5月4日凌晨，美军弗莱彻麾下的40架舰载机从"约克城号"起飞，对图拉吉实施两次空袭，击沉日驱逐舰1艘、登陆驳船3艘，另外，还击伤5架日水上飞机。

高木确认空袭图拉吉的美航空母舰特混编队就在附近，急令机动部队从所罗门群岛破浪南下。

至此，世界海战史上第一次航空母舰之间的拼杀在珊瑚海海面上拉开了帷幕。

弗莱彻的电文报告了日轻型航空母舰"祥凤号"被击沉的事实。尼米兹的脸上没有露出笑容，他提醒弗莱彻密切注意日军大型航空母舰"翔鹤号"和"瑞鹤号"的动向，因为这两舰仍在珊瑚海的海面上游弋，随时可能攻击他的第十七特混舰队。

尼米兹海军上将

珊瑚海海战虽然日军飞机和伤亡人数多于美国，但他们以损失12000吨"祥凤号"和在图拉吉岛外围被击沉几艘小舰的较小代价，换取了击沉"尼奥肖号""西姆斯号"和33000吨大型航空母舰"列克星敦号"的胜利。

但是，开战以来，日军的武力扩张第一次遭到遏制，进攻莫尔兹比港的作战计划只得向后推迟。更为重要的是，被击伤的"翔鹤号"航空母舰需要修理，损伤惨重的"瑞鹤号"需要重建，这些都大大削弱了日方在即将展开的中途岛海战中的实力。

珊瑚海海战是太平洋战场上战局发生逆转，进入战略相持阶段的标志。

尼米兹曾打算让弗莱彻舰队留在珊瑚海，因为哈尔西正在迅速赶往珊瑚海，可以把"约克城号"及其护卫舰并入第六特混舰队，以寻找新的战机。但是，尼米兹最终放弃了这一想法。他那富有战略素养的目光已经投向了即将展开的中太平洋遭遇战。于是，他命令"约克城号"必须尽快修缮，以便以较完整的阵容投入新的决战。

同时，尼米兹命令潜艇部队对受伤返航的日航空母舰发动袭击，又向普吉特海峡海军船厂发报，敦促他们加速修复"萨拉托加号"，以备急需。

5月10日，日军采取了一次军事示威行动，意在挽回珊瑚海海战中丢失的面子。他们派一支部队占领了大洋岛和瑙鲁岛这两个岛屿。

尼米兹将计就计，电令哈尔西赶赴东所罗门群岛500海里内的海域，让"大黄蜂号"和"企业号"及第十六特混舰队摆开阵势，意在迷惑对方，使日军相信太平洋舰队的所有航空母舰都已抵达南太平洋，从而牵制日军北上进攻的兵力。此招果然奏效，日进攻部队发现美航空母舰之后，慌忙撤出了所占岛屿，并在南太平洋海域排兵布阵。

将星纵横

组织力量
夺取太平洋岛屿

　　中途岛位于亚洲与北美之间的太平洋航线正中。由美国海军上尉勃洛克于1859年发现。该岛离美国旧金山和日本横滨均相距约2800海里，距珍珠港约1135海里。

　　中途岛特殊的地理位置决定了其战略地位的重要性。它是美国在中太平洋地区的重要军事基地和海洋交通枢纽，也是美军在夏威夷的门户和前哨阵地。中途岛一旦失守，美太平洋舰队的大本营珍珠港将暴露于日军的虎口之下。

　　1942年5月中旬，在情报部门的分析下，尼米兹领导的作战室不仅清楚地掌握了日军计划夺取中途岛的战略企图，而且还查明了其参战的兵力、数量、进攻路线以及大致上的作战时间。

当时美太平洋舰队水面舰只的状况十分不妙。据情报估计，日军将有10艘航空母舰出动，而美国仅有"企业号"和"大黄蜂号"两艘航空母舰可以使用，而且尚在珊瑚海，正奉令急速返回。"列克星敦号"航空母舰已经沉入海藻丛生的热带海底；"约克城号"航空母舰遭重创，修整后才能投入战斗；"萨拉托加号"于1月11日在瓦胡岛西南500海里处被潜艇击伤，尽管已经修复，但远在圣地亚哥，难以如期抵达中太平洋。

至于其他主要舰艇，日军拥有包括世界驰名的最大战舰，即新"大和号"在内的11艘快速战列舰，而尼米兹只有6艘速度缓慢、难以配合航空母舰作战的战列舰。

5月27日，"约克城号"航空母舰拖着伤残之躯，驶抵珍珠港。菲奇将军估计修复这只千疮百孔的战舰起码需要3个月时间。但在整个珍珠港的美军协同作用下，"约克城号"仅用一天就修复完毕。

尚在"约克城号"驶抵珍珠港之前，尼米兹已经从情报部门获悉日军联合舰队总司令山本的进攻计划。这也正是尼米兹之所以急如星火地命令部队抢修"约克城号"的原因。

美军航空母舰 ▼

情报显示，日本联合舰队将分为三大主力阵容：

一是北太平洋编队，由山本亲自指挥。包括航空母舰第二突击编队和高须四郎指挥的"阿留申警戒部队"。

山本的编队拥有战列舰"大和号""长门号"，轻型航空母舰"龙骧号"，水上飞机母舰"千代田号""日进号"，以及若干轻巡洋舰和驱逐舰。这支兵力预计部署在中途岛北面600海里处。

高须的"阿留申警戒部队"由4艘战列舰、2艘轻巡洋舰、12艘驱逐舰组成。任务是支援阿留申群岛攻坚战。

二是航空母舰第一突击编队，由西北方向南而下，从空中对中途岛发起主攻。由指挥空袭珍珠港的南云指挥。

这支部队包括"赤城号""加贺号""飞龙号""苍龙号"4艘大型航空母舰。据美情报部门的侦听证明，"翔鹤号"和"瑞鹤号"虽划归这支部队，但已无法参战。南云编队由2艘战列舰、3艘巡洋舰和11艘驱逐舰护航。

三是进攻中途岛部队，从关岛和塞班岛方向出发，将从西南方向逼近中途岛。总指挥为近藤信竹。

这支部队将在海上同包括战列舰第三分队部分舰只在内的日本第二舰队会合，并由这支舰队护航，走完最后阶段的650海里航程。

在情报官莱顿的帮助下，尼米兹分析认为，在浩浩荡荡的进攻中途岛的山本舰队中，最具威胁的部分是南云率领的航空母舰第一突击编队中的4艘航空母舰。

只有这些航空母舰才具有摧毁美中途岛陆、空防御体系的实力；也只有这些舰只，才能为舰队的其他舰只提供足够的空中保护。因此，要想遏止日军对中途岛发动的攻势，必须齐心合力歼灭南云航空母舰编队。

尼米兹决定把手中的两支王牌编队，即由哈尔西指挥的第十六特混编队和弗莱彻指挥的第十七特混编队凝成一股力量，共同驶往中途岛东北海面列阵埋伏，寻机从侧翼对毫无警觉的日本舰队实施突袭。

　　5月26日，哈尔西指挥的第十六特混舰队的舰艇在珍珠港西南方向的海平线上隐隐出现，渐渐地越来越清晰，随后在飞溅的白色浪花中很快塞满了珍珠港。

　　然而，令尼米兹想不到的是，哈尔西患上了严重的带状疱疹。医生勒令他必须住院治疗。

　　对尼米兹而言，在危机到来的前夕，失去一位最有进取精神和最有作战经验的航空母舰指挥官，是一个沉重的打击。尼米兹命令斯普鲁恩斯暂时负责哈尔西的第十六特混舰队、"企业号"和"大黄蜂号"作战编队的指挥工作。

　　在5月下旬，为了诱使日军相信美国的航空母舰还在所罗门群岛附近，尼米兹指示在珊瑚海执勤的一艘巡洋舰使用航空母舰航空兵大队通常使用的频率发报。

　　与此同时，尼米兹要求中途岛官兵采取一切措施，加强岛上防务。到5月底，在水际滩头及周围水域都布设了水雷，岛上加强了海军陆战队的守备兵力，并增加了一些高炮。

　　6月4日凌晨6时整，南云舰队发起了空袭中途岛的第一攻击波。它们当中有俯冲轰炸机、鱼雷轰炸机，"零式"战斗机担任护航。

　　日军以损失6架战机的很小代价完成了第一次攻击。中途岛损失惨重，机场、油库、海上飞机滑行坡道、营房、餐厅等处均遭毁坏，并有15架美战机被击落。

　　在中途岛战役中，尼米兹依靠破译日军侦察机发出的信号来了解美航空母舰的情况。

　　在6月4日10时之前，由弗莱彻和斯普鲁恩斯率领的第十六、第十七特混舰队，一直在中途岛东北海面耐心地静候日舰的到来。8时左右，筹划已久的对日攻击战开始了。尽管最初有些失误，但最终还是彻底倾覆了南云舰队的主力。

　　尼米兹领导的中途岛海战胜利的喜讯传遍了全世界。他的办公桌上堆满

了来自世界各地的祝捷信函和电报。

中途岛海战的大捷使美军得到了一个非常宝贵的调整时期。直至1942年年底美新的"爱塞克斯"级大型航空母舰服役之前，日海军已无力发动大规模的战役。

为了实施真正意义的反攻，中途岛大捷之后，尼米兹将目光投向西南太平洋一个小岛，即瓜岛。该岛东西长150千米，南北宽40千米，是所罗门群岛中的最大岛屿。

第一次世界大战以来，其为美国属地，当时被日军占领。由于它雄踞澳大利亚门户，并且临近日本，地理位置极为重要。日本人常说，所罗门群岛如同一座通向日本的梯子，而瓜岛则是梯子的第一级。

日本海军在舰队出乎意料地遭到美军重创之后，将联合舰队主力撤至南太平洋，在重新制订的新计划中，将矛头直指新几内亚的莫尔兹比和所罗门群岛。因此，图拉吉岛和瓜岛应为美、日双方下一步关注的焦点。

尼米兹认为，如果美军能够占领瓜岛，那么美国部队就可以一路登梯直上日本本土。这应该成为横跨太平洋、最终进攻日本的行动计划的重要步骤。

麦克阿瑟则反对尼米兹关于袭击图拉吉岛和进攻瓜岛的方案，他认为这一方案过于冒险。但他实际上提出了一个更为大胆的计划。

麦克阿瑟主张立即进占拉包尔。他吹嘘如果海军愿以航空母舰和海军陆战队第一师助他一臂之力，他就可以马上突袭新不列颠岛，攻占拉包尔和俾斯麦群岛，从而迫使日军北撤700海里，退到特鲁克岛基地上去。

尼米兹对此不以为然。他认为实施这一作战计划，意味着要由快速航空母舰承担任务。由于在所罗门海域仅有两艘此类舰只，尼米兹担心麦克阿瑟要把航空母舰当做"牺牲品"。他不能不顾它们的安全。

金上将也认为将航空母舰和太平洋战区仅有的一支陆战队派入日军空中火网密集的区域无异于一场大赌博。他认为应在逐步拿下所罗门群岛后再攻取拉包尔，以便能够把机场修复，用轰炸机和战斗机来支援连续的进攻行

动。

金上将同时提出，参战部队来自太平洋舰队和太平洋海区，指挥工作应由尼米兹负责。

此事在美军高层中闹得沸沸扬扬，经过磋商，最终达成一项有关所罗门群岛的折中方案，即战役第一阶段是夺取圣克鲁斯群岛、图拉吉岛及其附近要地，由尼米兹将军担任战略指挥。为了便于指挥，把南太平洋地区和西南太平洋战区的分界线改在东经159度。这条线靠近瓜岛的西侧。

只要在图拉吉地区站稳脚跟，那么随着向巴布亚半岛的萨拉莫阿和莱城进军的开始，将战略指挥权交给麦克阿瑟，同时开始战役第二阶段，由他统一指挥沿所罗门群岛北上的作战部队。接着，盟军的两条战线对拉包尔实施夹击。

在参谋长联席会议下达命令之前，尼米兹将军已经着手拟定基本计划，并于7月的第一周大体完成。

海军中将戈姆利代表尼米兹在南太平洋地区担任战略指挥，由在珊瑚海和中途岛两次海战中威名远扬的弗莱彻海军中将担任登陆编队的战术指挥，原任海军作战部计划部部长的里奇蒙·特纳海军少将负责指挥两栖作战部队。亚历山大·范德格里夫特少将是担任登陆任务的海军陆战第一师师长。

仅在一个月时间内，既要集结部队、制订详细的作战计划，又要进行两栖作战那种极其复杂的训练和战前演练，时间实在仓促。

同时，由于盟军11月将实施北非登陆，再向该地区增派部队或水面舰只的可能性极小。麦克阿瑟的3个陆军师需要镇守澳大利亚，看来也无法参战。尼米兹若想派兵加强海军陆战师，只有拆东补西，从南太平洋各地的守备部队中抽调兵力。

然而，此方案刚出炉两天，据夏威夷情报站破译的一份日军电报表明，日本海军特遣队已在瓜岛登陆，并由工兵在岛上修建机场。

这一突如其来的消息使尼米兹深感震惊，事态一时变得极为紧迫。假如日军建成了机场，从瓜岛起飞的飞机将能够轻而易举地袭击美在附近岛屿的

空军基地，美军现有防线将受到严重威胁。

显然，美军必须立即更改作战目标，将瓜岛纳入图拉吉、圣克鲁斯群岛的作战计划之中，并在日军建成机场之前，攻占该岛。

作战规模虽然扩大了，准备时间却不能延长。金上将和尼米兹确定原计划时间一周后，即8月7日为瓜岛登陆日。

尼米兹立即传令亚历山大·范德格里夫特海军少将和第十七特混舰队司令弗莱彻，准备进攻瓜岛。

7月31日，由特纳海军少将指挥的南太平洋登陆舰队，满载16000名海军陆战队队员，在8艘驱逐舰和1个驱逐舰警戒群以及航空母舰舰载机的护航下，从斐济岛出发，进攻瓜岛。支援和护航编队统由弗莱彻指挥。编队中的航空母舰包括"萨拉托加号""黄蜂号""企业号"。

8月7日清晨，登陆舰队接近瓜岛，岛上的日军毫无防范。日军工兵被美军炮火惊醒之后，迅速放弃营地，撤入热带丛林。

8月8日，美军轻而易举地占领了刚刚建成的瓜岛机场，并取名为"亨德森机场"。黄昏时分，经过激战的美军又成功地攻占了瓜岛以北的图拉吉岛。

两岛告失，震惊了日本朝野。东条英机大骂海军擅自行动，没有争取陆军的援助。军令部总长永野修身气急败坏地下令：联合舰队必须重克瓜岛，夺回机场。

于是，充满血腥的瓜岛争夺战拉开了战幕。

8月8日，在瓜岛北部爆发了萨沃湾海战，美军南区巡逻队大败，澳大利亚重巡洋舰被击沉，美"芝加哥号"巡洋舰、"帕特森号"驱逐舰被击伤。

在北区，美"阿斯托里亚号"巡洋舰被鱼雷击中，美"文森斯号"和"昆西号"均遭重创，相继沉没；"拉尔夫·塔尔伯特号"驱逐舰在警戒时也被击沉。

8月中旬，弗莱彻领导的航空母舰特混舰队正在瓜岛的东南海域活动，担负对所罗门群岛海上交通线的保护任务。

第二次世界大战著名将领

8月24日，特混舰队击沉日军轻型航空母舰"龙骧号"。至此，瓜岛战役中的第二次海战，美军称之为"东所罗门群岛海战"开始。

此后，美"企业号"航空母舰被重创，弗莱彻的旗舰"萨拉托加号"也被击伤，均返回珍珠港检修。

9月，尼米兹飞往旧金山，与金上将一起举行会议。在那里，尼米兹获知哈尔西接替弗莱彻担任高级战术指挥官，指挥在南太平洋海区美军全部航空母舰作战。

9月中旬，日军沿亨德森机场以南的山岭发起突击。日军未能突破防线，并遭到重大损失。

尼米兹责令海军运输部队加速向瓜岛运输物资，使岛上供应情况稍有好转。而正当美军加紧从圣埃斯皮里图岛把海军陆战第七团送往瓜岛时，日军潜艇钻入美军护卫舰中间，相继用鱼雷攻击了航空母舰"黄蜂号"、新型战列舰"北卡罗来纳号"和驱逐舰"奥布赖恩号"。

"黄蜂号"供油系统起火，被迫撤离战场，由于火势无法控制，只得用鱼雷将其击沉。"奥布赖恩号"爆炸后沉没，"北卡罗来纳号"在水线以下出现了巨大裂缝，不得不返回珍珠港维修。

于是，美军在整个太平洋海域能够进行作战任务的航空母舰只剩下"大黄蜂号"一枝独秀了。

9月25日，尼米兹带领随行人员乘"科罗纳多"水上飞机离开珍珠港。

9月28日下午，尼米兹乘坐的水上飞机抵达努美阿。稍事休息，他便在戈姆利的旗舰"亚尔古尼号"上召开联席会议。会议结束后的第二天，尼米兹乘坐B-17型轰炸机飞赴瓜岛。

10月18日，被任命为南太平洋海区司令的哈尔西抵达努美阿港。在瓜岛争夺处于白热化、登陆美军岌岌可危的时刻，起用这种敢打敢拼、勇于进取的将领，收到了扭转战局的奇效。

当哈尔西走马上任之后，尼米兹下令向南太平洋增调大量的兵力，其中有战列舰"印第安纳号"、潜艇24艘、战斗机50架、轰炸机24架，以及陆军

第二十五师。

被击伤的"企业号"航空母舰修复后，也返回南太平洋参加战斗，并同位于埃斯比里图岛以东的"大黄蜂号"航母编队取得了联系。

哈尔西命令包括"企业号"和"大黄蜂号"编队在内的主力舰只在圣克鲁斯群岛以北地区进行巡逻，以便从侧翼打击从北面和西北面逼近瓜岛的日军。

10月26日，在圣克鲁斯群岛海域发生了航空母舰激战。美"大黄蜂号"航空母舰被日军击沉。

为了夺得太平洋战场的全面胜利，尼米兹就太平洋舰队的未来发展提出了一整套构想。

1942年年底，美国已经建成或将要完工的共有22艘航空母舰，用这些舰只组成一支史无前例的大舰队，那时美军将以崭新的姿态出现在太平洋海域。

尼米兹打算以这样一支舰队横越太平洋，打开太平洋的交通中轴线。这些地方无大片陆地，只有数百个大岛屿和环礁，可以选择许多目标作为登陆地带及作战基地。

与此同时，麦克阿瑟也提出了带有鲜明个性色彩的方案。该方案建议，以陆军为主力沿着新几内亚进军菲律宾群岛，最终以此为基地，直捣日本本土。在一系列陆军为主攻的跃进中，以海军担任陆军的人员护送和供给服务。

以庞大的太平洋舰队担任陆军的辅助手段，使海军成为陆军随意摆布的工具，这是美舰队总司令金上将和太平洋舰队总司令尼米兹上将无论如何不能同意的。

尼米兹为此辩驳道，麦克阿瑟进攻日本的方案舍近求远，耗损人员和供应，并且将旷日持久。金则认为，这是典型的麦克阿瑟主义，意在突出自己。

金返回华盛顿，向马歇尔汇报了各司令部之间的关系问题，尤其是尼米

兹的部属哈尔西进入麦克阿瑟管辖的海区作战之后的有关指挥问题。这是涉及尼米兹和麦克阿瑟谁高谁下的问题。

最后，参谋长联席会议做出妥协，哈尔西在战略上受麦克阿瑟的原则指导，战术上则由他自己决定。

尼米兹为了使自己合理的作战方案能够为参谋长联席会议和他们的各小组委员会所选中，作了许多努力。最后，华盛顿接受了尼米兹的方案。

麦克阿瑟虽竭力反对，也未能劝阻住最高当局。因此，尼米兹的进攻方案为主线，麦克阿瑟则继续从南面进攻。

日军瓜岛惨败后，在俾斯麦海战中又一次遭到重创。此战迫使日本大本营把主要注意力转移到新几内亚方面，并决心集中陆海军力量在这个方向建立作战基地。山本五十六奉命用日本航空兵的精华，即航空母舰舰载机去协

美军舰艇

助海军岸基飞机作战。

从1943年4月7日起，日机空袭瓜岛，矛头对准所罗门方面。接着，日机又连续空袭了新几内亚的莫尔兹比港等地。这种持续的骚扰性空袭，对美军造成了一定损失，但日军的损失大于美军。

4月中旬，山本决定亲自到所罗门群岛北部的日本基地，视察防务并鼓舞士气。

通过情报资料，尼米兹获知这一消息后，立即将这个至关重要的情报通告给了第五十七特混舰队司令哈尔西将军，请他迅速制订一个能保守这一情报机密的伏击计划。

为慎重起见，尼米兹专门征求了罗斯福总统的意见。经过诸多高级将领的协商，最后罗斯福总统下令伏击山本五十六。

尼米兹接到"干掉山本"的电报后，马上电令哈尔西不惜一切代价执行行动。

伏击的成功主要在于密码分析家破译了日方密码。其实在此之前，美军已完全掌握了该秘密。

美方为了避免使日方觉察到山本毙命的真相，一直成功地隐瞒了密码被破译的事实。为了麻痹日本人，尼米兹甚至指示美航空兵部队，在伏击山本五十六的地点上空作"例行巡逻"，使日本人误认为山本之死纯属偶然事件。

海陆配合发起
"复苏行动"

美军攻占瓜岛之后，太平洋战区的军事行动出现了一个短暂的间隙。日美双方都利用这段时间密谋策划，酝酿新的攻势。

1943年6月初，尼米兹到旧金山与金上将举行例行会晤。两人讨论了发动中太平洋攻势的问题，他们都倾向于从吉尔伯特群岛而不是从马绍尔群岛向菲律宾推进。

接着，尼米兹在霍兰·史密斯将军陪同下，视察了南太平洋海区的情况，同哈尔西和他的参谋人员讨论了进攻新佐治亚的作战计划。

6月18日，尼米兹一行回到珍珠港。参谋长联席会议下达命令，要尼米兹在11月15日进攻马绍尔群岛。

为了这次战斗，参谋长联席会议配给尼米兹美军海军陆战第一师、第二师以及南太平洋的全部两栖作战舰只和大部海军部队。

这一计划立即招致麦克阿瑟的抗议，他认为这样部署兵力将瓦解西南太平洋战区的攻势，显然是把中太平洋作为主要进攻路线。

麦克阿瑟在给马歇尔的电报中建议说："从全面的战略观点来看，我相信太平洋进攻行动的最有利路线应是从澳大利亚出发经新几内亚到棉兰老岛。"他认为，他的部队沿着新几内亚北部海岸进行两栖作战将绕过日军据点，并可得到地位非常重要的陆基航空兵的支援。而两条路线同时并进，其结果是将使目标和力量分散，扩大战争，增加伤亡。

尼米兹则认为，部队由舰载航空兵支援，可以迅速越过日军防御阵地，比岸基战斗机在其作战半径内支援陆军部队更有成效。向中太平洋推进，运

输线则更短、更直接，既节省船只，又可威胁日军占领的全部岛屿，最后必将迫使日军在整个太平洋地区为防卫每一个阵地而分散兵力。

麦克阿瑟举反证说，日军在中途岛的失败，便是进攻防御坚固的岛屿必将付出惨重代价的明证。

马歇尔对此虽有同感，但考虑到诸种因素的制约作用，他没有公开支持麦克阿瑟，但同意让麦克阿瑟将军保留老部队陆战第一师，将其用于格洛斯特角登陆。

7月中旬，参谋长联席会议批准太平洋舰队的作战计划，但加进了一个错误的决定。他们命令尼米兹在攻占吉尔伯特群岛的同时，向日军新近占据的瑙鲁岛发动攻势。然而，两岛相距甚远，尼米兹不同意对如此分散的两个目标同时发起进攻。

当哈尔西的南太平洋部队于6月底开始发动中所罗门群岛的攻势时，尼米兹建议他越过日军重点设防的科隆班加拉岛，在远离通道、日军防御力量不强的韦拉拉韦拉岛登陆。这项建议极为有效，登陆部队几乎未遇到任何抵抗就登上了该岛。

8月15日，北太平洋部队也开始进攻基斯卡岛。为攻下该岛，盟军出动了近百艘舰艇运送29000名美军士兵和5300名加拿大士兵。在一阵猛烈的轰击后，美军部队乘坐登陆艇进入滩头阵地，最终占领了基斯卡岛。

9月25日，在珍珠港举行的海军军事会议上，集中讨论了夺取马绍尔群岛的作战计划，制订了"复苏行动"。

尼米兹迫切希望对吉尔伯特群岛发起进攻，这样就能把日军联合舰队从特鲁克基地引出来。尼米兹全面充实和修订了第五舰队的作战计划，使整个"复苏行动"计划更为系统和完善。

11月20日拂晓，所有参战部队均向着吉尔伯特群岛挺进。

吉尔伯特群岛位于马绍尔群岛东南、所罗门群岛东北，由16个珊瑚岛组成，其中以塔拉瓦岛最大，马金岛次之。塔拉瓦岛横跨赤道，介于美、澳两洲交通线上，战略地位十分重要。

太平洋战争爆发后，日军占据该岛，并在岛上修筑了坚固的防御工事。

至1943年11月，守岛日军总数为4836人。岛上，整个海滩布满混凝土制成的三角体、地雷、珊瑚石礁、蛇蝮式铁丝网等障碍物。障碍物后面是由100多个碉堡、机枪阵地、坦克固定火力点组成的海滩交叉火力网。

所有工事都构筑在地下，上面铺着厚达两米的沙石、柳木和波纹钢板，恰似一座壁垒森严的"活地狱"。驻岛部队司令官柴崎宣称："美国人用100万人的兵力花100年的时间也拿不下塔拉瓦岛。"

然而，美军中，无论是尼米兹，还是其他战役指挥官对"活地狱"的防御状况都估计不足。美军伤亡惨重。

与此同时，美航空母舰编队也遭到了日军的空袭。日军一架鱼雷机击中"独立号"轻型航空母舰，并使其陷于瘫痪。然而，隐藏在特鲁克岛的日本联合舰队没有按照美国的意愿贸然出击。

尼米兹接受托尔斯将军的建议，给斯普鲁恩斯起草了一份"电报指示"，要他给航空母舰编队增加活动自由："从目前情况看，在'复苏行动'中对航空母舰编队限制过死。假如航空母舰长时间地继续局限在狭窄的海域里，被敌鱼雷击中的可能性将会增加。应保证航空母舰在执行任务中有更大的活动余地。"

这样，航空母舰执行保护滩头阵地的任务，不仅要有近距离支援，而且还要设法袭击日军舰队、基地等主要攻击目标。

最终，吉尔伯特战役以美军胜利而告终，但美方却付出了沉重的代价。海军损失1艘护航航空母舰，1艘航空母舰受重创，还损失了若干艘其他类型的舰只及90辆两栖坦克。美军在塔拉瓦岛共死亡1000余人，伤2100余人，在马金岛伤亡达500余人。

战役刚刚结束，美海军部长诺克斯就宣布说，塔拉瓦岛之战美军所遭受的重大伤亡，是美海军陆战队成立168年以来所不多见的。

尼米兹决定亲赴塔拉瓦岛视察，以了解这一战役惨重伤亡的具体情况。

此时大规模战役刚刚结束两天，斯普鲁恩斯劝他待清扫战场之后再去，

因岛上尚有残留日军，机场还不能降落大飞机，尸体也尚未掩埋。尼米兹没有听从斯普鲁恩斯的劝告，在富纳富提岛视察后，转乘胡佛将军提供的海军陆战队的空投战斗机启程了。

尼米兹在斯普鲁恩斯和朱里安·史密斯将军的陪同下，视察了尸骨遍野的战场。在滩头阵地上，被打坏的两栖坦克中间，海军陆战队员的尸体还泡在水里。尼米兹为眼前的残酷景象而震惊，他轻声地说道："这是我第一次闻到死亡的味道。"

返回珍珠港的途中，尼米兹给夫人写了一封信。信中写道："我从未见过像塔拉瓦岛这样凄惨的地方。"

在这场令人不堪回首的视察结束时，尼米兹对斯普鲁恩斯说："战役造成如此巨大的损失，前线指挥官无法承担责任。我担心美国公民们不会谅解我们。"

吉尔伯特群岛登陆战所造成的损失确使美国公众舆论一片哗然。太平洋

❖ 惨烈的战斗场面

舰队司令部成为人们指责和谩骂的对象。悲愤的阵亡人员家属甚至直接给尼米兹写信，对他进行抨击。一位失去儿子的母亲写道："你在塔拉瓦岛上杀死了我的儿子。"

尼米兹的部下为此纷纷打抱不平。但尼米兹却坚持每信必看，并亲自回信表示哀悼。他说："母亲失去儿子会痛苦的，应给她们以合适的安慰。至于我的进退荣辱，相信历史会给予公正的评价与选择。"

罗斯福总统得知尼米兹所承受的压力后，立即打电话给金上将："告诉尼米兹放手作战，国内的事情由我去办。"在总统的干预下，这场风波渐趋平息。

尼米兹等人开始集中精力思考下一步进攻马绍尔群岛的作战计划。尼米兹原打算在马洛埃拉普环礁、沃特杰环礁以及夸贾林环礁同时实施登陆。前两个环礁是马绍尔群岛离珍珠港最近的两个日军基地，后一个环礁位于马绍尔群岛的中心，是日军司令部的所在地。

鉴于塔拉瓦战斗的惨痛教训，斯普鲁恩斯建议采取审慎的作战方案。他主张战役分两步走，首先攻占马洛埃拉普和沃特杰，然后利用两岛的轰炸机基地，对位于列岛中心的日军指挥部所在地夸贾林岛实施进攻。特纳和霍兰·史密斯都支持这一想法。

尼米兹肯定了两步进攻的建议，同意取消三管齐下的进攻方案，但他又设计了一个不同的方案，即绕过沃特杰和马洛埃拉普岛，直接进攻夸贾林岛。攻下夸贾林岛后，将能得到两个机场和一个第一流的锚地。

斯普鲁恩斯、特纳和史密斯都强烈反对尼米兹的意见。他们认为，夸贾林环礁一旦被美军占领，这个环礁就会变成在马洛埃拉普、沃特杰等地日军岸基航空兵的袭击目标。而且，日军还可依托这些基地来破坏夸贾林岛与珍珠港、吉尔伯特之间的交通线。

但尼米兹坚持自己的主张。电台接收的情报证实，尼米兹的决定是正确的。日军正在其他岛上加强工事，独独忽略了位于马绍尔群岛中心的夸贾林岛。显然，日军设想的是，外围的一个或几个岛屿将要受到攻击。

斯普鲁恩斯见无法改变尼米兹的决定，于是提出了一个新建议，在攻占夸贾林岛的同时，占领日军防御力量薄弱的马绍尔群岛中的马朱罗岛。这样，可在作战海域为舰队提供一个基地，并处于对夸贾林岛支援的范围之内。尼米兹同意了这一建议。

进攻马绍尔群岛的作战计划，代号为"燧发枪行动"，发起攻击的日期两度顺延，最后确定在1944年1月31日。

至2月7日，美军先后攻占了夸贾林环礁中的大小30余个岛屿。特纳将军的联合远征军取得了"燧发枪战役"的最后胜利。

早在攻克夸贾林岛之前，尼米兹就发报征求斯普鲁恩斯对继续挺进攻克埃尼威托克岛的意见。斯普鲁恩斯看到特纳和霍兰·史密斯准备充分，而且士气正旺，便回电报响应尼米兹的号令。

为了给新一轮战役助威，尼米兹于2月4日晚乘B-24型飞机"解放者号"离开珍珠港前往塔拉瓦岛，同斯普鲁恩斯、特纳等人商讨即将开始的进攻埃尼威托克岛的问题。

由于埃尼威托克岛离特鲁克岛仅669海里，美军第五十八特混舰队将分两路支援此次进攻战。1个特混大队在埃尼威托克岛附近进行直接支援，另外3个特混大队前去袭击特鲁克岛。美军希望对特鲁克岛的威胁，能迫使日军联合舰队出来迎战。

然而，美军未能实现尽早与日联合舰队决战的愿望。

山本五十六的继任者古贺峰一对美军的战略意图极为敏感，当他发现美军飞机对特鲁克的侦察行动后，便急令联合舰队撤离特鲁克，向西退至加罗林群岛的帕劳群岛。

2月17日，美军对埃尼威托克发起进攻。经过多日的空中轰炸，至21日，美军占领该岛。

埃尼威托克岛被攻占之后，参谋长联席会议立即电召太平洋战区的两员大将尼米兹和麦克阿瑟出席会议。但是，麦克阿瑟借故缺席，这使得诸位高官深感失望和不满。这实际上也使麦克阿瑟丧失了一定的信誉。

3月11日，参谋长联席会议确定了最后的战略方案：

批准了4月15日进攻霍兰蒂亚；尼米兹的部队6月15日进攻马里亚纳群岛；9月15日进攻帕劳群岛；11月15日开始支援麦克阿瑟部队进攻棉兰老岛。

可以说，这一方案带有折中性质，但基本上符合金和尼米兹的战略构想。当尼米兹回到珍珠港太平洋舰队总部时，令他惊讶的是，麦克阿瑟的一份电报放在了他的桌上。电文称：

我久有此意，向阁下略尽地主之谊。通过我们之间的私人会晤，我肯定将会大大增进双方司令部的紧密协作。因此，阁下如有时间来布里斯班做客，我将深为高兴，定予热诚欢迎。

这是一个非同寻常的讯号，它意味着麦克阿瑟将在一定程度上改变长期以来形成的两大军种间矛盾重重的关系。

在此之前，尼米兹曾多次试图与麦克阿瑟会晤，但对方始终不断拒绝，而此次麦克阿瑟却主动发出了邀请。

尼米兹知道事出有因：麦克阿瑟已经意识到由于自己的傲慢无礼，可能得罪了参谋长联席会议的高级官员，他担心自己的指挥权旁落海军之手。

有关指挥权的讨论，一直是华盛顿争论中棘手而敏感的问题。参谋长联席会议最后决定采取审慎行事的态度，对作战指挥的界限维持现状。

尼米兹对麦克阿瑟争夺指挥权的做法当然是不满的。麦克阿瑟此时在雷伊泰海面拥有未投入战斗的舰艇221艘，他这样做完全是出于要控制力量的目的。尼米兹认为这种做法完全没有道理，是一种使任何人都感到愤慨的浪费，他有义务去减少这种浪费。

尼米兹认识到两个指挥部的协作，将有利于战事的进展，更早地带来和

平。因此，尼米兹决定克制心中的怨愤，接受了麦克阿瑟的邀请。尼米兹在给麦克阿瑟的回电中说道：

> 对阁下热忱的邀请，我深为感谢。今晨我由华盛顿回来时读到此电，我将以莫大的荣幸在不远的未来获得阁下的款待。我们之间的会晤将使我们在未来战斗中获得最密切的协作。数天内，我将把可能动身的时间奉告给你。

为了这次会晤，尼米兹做了精心准备：从朋友那里弄到珍贵的兰花品种，打算送给麦克阿瑟夫人；派人到檀香山为小阿瑟买了印有夏威夷文的丝质运动衫，另外还买了几盒糖果。不到10天，尼米兹就动身了。

3月25日，尼米兹的水上飞机滑行到布里斯班的码头时，麦克阿瑟和他的参谋人员已经在此等候迎接。这多少令尼米兹感到有些惊讶。

尼米兹一行下榻在华丽的伦南斯旅馆一套舒适的房间里，从这个旅馆经过广场就是昆士兰最高法院大楼。

麦克阿瑟的副官向尼米兹呈上当晚在旅馆设宴招待的请柬，尼米兹及其副官拉马尔收下请柬，但坚持要在赴宴前先去麦克阿瑟的住处拜访。

这种外交礼仪是成功的。麦克阿瑟和夫人极为愉快地接受了尼米兹赠送的兰花。尼米兹提出要给小阿瑟赠送礼物时，麦克阿瑟说他的儿子已经睡觉了。

"将军，"麦克阿瑟夫人说，她总是这样称呼她的丈夫，"应该把他叫起来一会儿。"麦克阿瑟有些勉强地把孩子叫了起来，尼米兹把运动衣和一大盒糖果送给他。

第二天举行会议前，美国宪兵在伦南斯旅馆前的街上布置了严密的岗哨。会议在麦克阿瑟的办公室举行，两位将军保持正式礼节，由于彼此心存戒备，难免有距离感。但这种会晤还是有意义的。会晤顺利进行。接待是友好的，有关战备方面的决定是相互谅解的。尼米兹同意对霍兰蒂亚进攻战给

予支援，但将分两步进行：

> 4月1日，第五十八特混舰队的快速航空母舰袭击帕劳群岛及加罗林群岛上的日军基地，然后返回马绍尔群岛补充给养。再于登陆当天驶往霍兰蒂亚加入战斗，但大型航空母舰须在登陆第二天即撤离，而留下8艘小型航空母舰提供近距离空中支援。

麦克阿瑟对这一计划表示满意，并许诺将出动轰炸机和P-38远程战斗机袭击附近的日军机场，以保证航空母舰的安全。双方商定，在霍兰蒂亚的登陆日期为4月22日。

当尼米兹即将离去时，参谋长联席会议要求两人共同制订一个抄近路快速向吕宋—台湾—中国大陆三角地带推进的补充作战计划。

麦克阿瑟大为恼火，说他不能抛下菲律宾不管，他对菲律宾人民负有神圣的义务，并讥讽说："待在华盛顿的先生们不了解情况，从来没有听过枪声，却在那里炮制太平洋战争的战略。"

尼米兹插话说："我理解你的心情，但我不同意你的看法。参谋长联席会议的成员们同你我一样，都在努力工作，并且想把工作做得更好。从内心讲，他们是值得钦佩的。"

尽管存在意见分歧，但尼米兹对这次会晤还是感到满意的。他在写给金的报告中说："我和我的下属们在整个访问期间，受到麦克阿瑟真诚而周到的热情款待。接待是没有什么可挑剔的。会议自始至终都开得很好，很顺利。"尼米兹承认麦克阿瑟是一位杰出的人才，不过喜怒无常，有时突然会表现出与以往迥然不同的气质。

就个人而言，麦克阿瑟并无多少可以使尼米兹把他当做挚友的吸引力，但是尼米兹尊重这位军事领袖的才干。

打败日本
凯旋回国

正当太平洋舰队积极筹划和演练马里亚纳作战计划的时候，日本联合舰队统帅人物古贺峰一在美第五十八特混舰队进攻帕劳群岛时，与其随员以及参谋长一行分乘两架大型水上飞机由帕劳岛起飞，欲飞往菲律宾的达沃。

古贺一行在飞行途中遭到暴风雨冲击，参谋长福留繁的座机拼力挣扎，终于在菲律宾的宿务岛附近海面迫降，幸免一死；而古贺的座机却杳无音讯，附近驻防的日机、舰艇全力搜索，结果一无所获。

古贺的参谋长被菲律宾抗日游击队俘获，其随身携带的一箱绝密文件被送交美军。在缴获的文件中，有一份称为"Z行动"的提纲，显然是日本海军的作战计划。

该计划最终被送往珍珠港太平洋舰队总部，莱顿和他的日文专家们连夜把文件翻译出来。日本海军把这个作战计划看作是对日军具有决定性意义的行动，计划作战的地区一直延伸到马里亚纳群岛—加罗林群岛—新几内亚一线。

1944年5月5日，日本广播电台宣布丰田贞次郎为联合舰队司令长官。

为挽救危局，大本营向丰田发布了"阿号作战"命令，企图集中大部分兵力，再次决战，一举歼灭美舰队。

此时，珍珠港方面已获悉，"阿号作战"计划只不过是"Z行动"的具体翻版。尼米兹看了"Z行动"的译文后，便下令把文件发给集结在马里亚纳群岛附近的所有舰长。

美军一直期望同日军航空母舰舰队交战，并将其彻底歼灭。这一时刻

终于要来临了。尼米兹得知日军舰队中有偷袭珍珠港的"翔鹤号"和"瑞鹤号"航空母舰时，心中顿感振奋。

他对史密斯将军说："有朝一日，当我在办公桌上看到击沉日军这两艘航空母舰的电报时，那就是我一生中最高兴的一天。"

6月，美军向马里亚纳群岛发起了进攻。美军尽管存在不利条件，但尼米兹以及太平洋舰队的领导人对即将来临的决战还是充满了必胜的信心。

有新闻记者问："日本广播电台宣称，'一场大海战即将开始'，你对此有何看法？"

尼米兹回答："我希望他们讲的是真话。我真不知道怎样才能把他们引出来打一场大仗。"

尼米兹与太平洋战役

18日黄昏，美舰队在西南355海里处发现了日本舰队。米切尔建议连夜把舰队开到西面靠近日军舰队的地方，以便在19日凌晨与日舰交战。

然而，斯普鲁恩斯在与参谋们讨论了一个小时之后，决定不去迎击日舰队。他向部队下达的命令只提出"攻占并守住塞班岛、提尼安岛和关岛"，而没有提到连续进攻日军的舰队。

米切尔和他的飞行员为此大失所望，认为斯普鲁恩斯使他们坐失良机，米切尔痛苦地抱怨道："敌人跑了，它曾一度处于我攻击范围内。"飞行员普遍埋怨："这是非飞行员指挥飞行员带来的结果。"

直至第二次世界大战结束，才证明斯普鲁恩斯的战术是完全正确的。

从缴获的日军档案来看，6月19日那天，斯普鲁恩斯凭他的运气或直觉把第五十八特混舰队部署在最理想的位置上。

马里亚纳海战不失为一场意义重大、战果辉煌的战役。经此一战，美海军掌握了马里亚纳的制海权和制空权，为美军最终战胜日军奠定了良好的基础。

至8月中旬，宽阔的马里亚纳群岛终为美军所有。在攻占塞班、提尼安岛和关岛的战役中，美军死亡约5000人，而消灭日军近6000人。美军最终突破了日军最后一道防线，夺得了下一步作战的后勤基地、潜艇基地和将轰炸东京工业设施的轰炸机基地。

在尼米兹司令部里，那幅太平洋海图上，进攻日本本土的指示箭头正从硫磺岛上划过。只是由于气候恶劣等原因，尼米兹才不得不将进攻硫磺岛的日期由1945年1月20日推迟至2月19日，进攻冲绳岛则由3月1日推迟至4月1日。

为了使美国各战区总司令的军阶与盟邦相对应，美国国会制订了一项可授予陆军和海军将领为五星上将新军阶的法令。12月19日，授予4位陆军上将和3位海军上将新的军阶。

总统命令授予马歇尔、麦克阿瑟、艾森豪威尔和阿诺德为陆军五星上将，莱希、金和尼米兹为海军五星上将。

　　尼米兹接受五星上将军衔时，心情十分激动。爱戴他的水兵们专门推举金属专业毕业的战士为他准备了一副新的领章，他们把旧领章上的星摘下来，把五颗星排成了一圈。

　　尼米兹无法掩饰兴奋的心情，佯装眼花，开玩笑地说："好大一会儿，我才看见了星星。"

　　为了在战区附近建立一个新指挥部，尼米兹决定将总部移至关岛，向前进驻可使他朝战区推进1000海里。

　　此时，太平洋美军总部的编制和人数大增，他已不可能无拘无束、称心如意地办事。尼米兹宁愿带一个精干的参谋班子，而且尽可能只要那些公认的与作战计划和指挥有关的人员随行。他还希望在个人行动及战争决策上，由自己去承担一些风险。

　　尼米兹于1945年1月27日抵达关岛新指挥部，斯普鲁恩斯也于同日在乌里锡走马上任。

　　2月2日，尼米兹自关岛总部飞抵乌里锡，登上第五舰队旗舰"印第安纳波利斯号"，与斯普鲁恩斯将军商讨即将开始的硫磺岛战斗。

　　尼米兹所以决定放弃日军重兵防守的台湾，而攻占硫磺岛和冲绳岛，是因为这两岛离日本本土很近，可以作为直捣东京的战斗机、轰炸机的出击基地和紧急降落基地。

　　硫磺岛是小笠原群岛中硫磺列岛的主岛，位于东京以南700余海里的洋面上。

　　空中侦察表明，这个由熔岩和火山灰烬形成的、整日弥漫雾气和硫黄气体的荒岛是个易守难攻之地。由于该岛为日军"内防御圈"上关键性的链环，日军在此精心营造了极为坚固的海上堡垒。

　　霍兰·史密斯将军在研究了空中摄影的照片后，宣称"此处是我们最难攻占的地方"，并忧心忡忡地预计美军要伤亡20000人。

　　自1944年8月对此岛开始的空中目标袭击并未取得明显成效，日军的防御设施有增无减，已由原来的450处发展到700多处。岛上原有2个机场，现已

扩增为3个。显然，日军把防御工事筑到火山熔岩中去了，工事上覆盖的黑色火山灰层减弱了炸弹和炮弹的破坏力。

无论未来的战斗将如何艰巨，攻占该岛的意义已经十分明确，问题在于进攻将怎样实施。

斯普鲁恩斯决定用第五十八特混舰队的飞机摧垮东京地区的航空基地网，以保护硫磺岛外的美国舰只不受日机空袭。这是自1942年4月杜立特的"东京上空10分钟"行动以来，第一次用航空母舰袭击日本。

斯普鲁恩斯计划用两天多的时间来完成这次袭击。快速航空母舰可在乌里锡完成补给，2月16日驶到日本外海。

尼米兹同斯普鲁恩斯商讨之后飞抵塞班岛，视察进攻硫磺岛的部队进行最后一次登陆演练。

陆战队有3个师执行这次作战任务：第四师、第五师担负进攻，第三师为后备师。巡视结束后，尼米兹飞返关岛。

1945年2月16日黎明，尼米兹焦急地期待着轰击硫磺岛和空袭东京的消息。上午7时，尼米兹从东京广播电台获悉：美军袭击了东京机场。

几乎在同一时间，尼米兹得到报告，海军已开始对硫磺岛发起炮击，轰炸机正飞往北面，向硫磺岛做日常空袭。

2月19日，斯普鲁恩斯向尼米兹报告了两天来袭击东京的战果：空中击落日机332架，地面击毁177架，摧毁许多机场和航空站的机库、机棚和设施。

同一天上午11时，美军开始发起进攻硫磺岛的战斗。美军原计划5天拿下硫磺岛，结果整整打了36天。

直到3月25日，美军才将岛上的残敌基本肃清。硫磺岛一役中，登陆一方的伤亡人数超过了抗登陆一方。

美军在陆上和海上作战的人员中，约有7000人战死，19000人负伤。尼米兹称："在硫磺岛参战的美军中，非凡的勇气成为共同的美德。"

硫磺岛据称是太平洋战争中，美军付出最大代价才获得的岛屿，它的价值不应夸大也不应低估。

在该岛被宣布已完全占领的12天前，第一架美轰炸机即在该岛作紧急降落；占领该岛不到3周，"野马式"巡逻战斗机于该岛跑道上起飞，为白天轰炸东京的轰炸机护航。

3个月内，850架轰炸机在该岛做紧急降落。这就证实了占领该岛的必要性。无疑，如果没有这个胜败攸关的基地，这些飞机大部分会葬身海底。

新任海军部长福雷斯特尔亲临硫磺岛视察，回国后上报了他亲自掌握的战场第一手材料。在关岛，福雷斯特尔海军部长还向尼米兹祝贺他60岁生日。

福雷斯特尔离去后不久，尼米兹决定返回华盛顿述职。

3月1日，尼米兹由谢尔曼将军和拉马尔中校陪同动身启程，经珍珠港和旧金山前往华盛顿。

在旧金山，尼米兹又一次领略到那些正被发表并在全国广泛传播的新闻报道的作用。《旧金山调查者报》在头版发表社论，暗示硫磺岛损失惨重，原因是领导无方。它以明确的语言声称，只有麦克阿瑟才具备赢得战争胜利的才智，他不会像其他的司令官那样损兵折将、丢弃装备。华盛顿应让麦克阿瑟担任太平洋的全面指挥。海军和陆战队人员领导乏术。社论还指出，他们现在的领导，显然正在用美国子弟的生命做不必要的冒险。

这种说法使尼米兹大为不满，同时也使陆战队队员们怒不可遏。在旧金山休假的多位陆战队队员涌进《旧金山调查者报》的大楼，当着总编辑威廉·雷恩的面，要求他道歉或作出答复。

雷恩推托说，这不过是上级的指示而已。这引起了尼米兹的注意。从此，尼米兹对批评他领导和指挥艺术与麦克阿瑟在战略方面是相违背的一类攻击性文章有所防备了。

尼米兹和谢尔曼向参谋长联席会议汇报了下一步进攻冲绳岛的作战方案。进攻部队包括陆军第二十四军，这个军自进攻莱特湾以来已扩编为4个师；两栖作战部队第三军团，包括陆战队第一师、第二师和第六师。

这些部队合在一起组成第十集团军，由美国陆军的巴克纳中将指挥。第

五十八特混舰队在冲绳和九州之间的海面上进行掩护，英国太平洋舰队则在冲绳和台湾间的海面负责掩护。

本次会议还通过了陆军提出的进攻日本本岛的作战计划。登陆九州的代号为"奥林匹克行动"，预计于1945年11月实施；进攻东京平原的代号为"王冠行动"，预计于次年3月实施。尼米兹将指挥所有海上部队建立滩头阵地，麦克阿瑟则负责指挥地面部队。

在华盛顿期间，尼米兹去白宫谒见了罗斯福总统。他是顶着对硫磺岛战役的各种指责和谩骂而来的，在内心深处，他渴望得到罗斯福总统的理解和支持。

尽管尼米兹并不计较个人威望，但是他重视人的尊严。尼米兹最终获得了罗斯福批准的向冲绳岛进攻的主攻任务。望着罗斯福苍白的面容，尼米兹心中隐隐产生了一种愿望：1945年将结束太平洋战争，让罗斯福活着看到这一胜利。

尼米兹一行飞越太平洋时，在珍珠港稍事停留，于1945年3月15日回到关岛。此时，他的注意力已完全集中在即将开始的战事上。

在制订冲绳岛作战计划时，尼米兹最为担心的问题是，美军在岛上建立起机场之前，日军空中力量对美方参战部队究竟有多大危害。

在东北方向，九州有55个机场；在西南方向，台湾有65个机场；在它们之间，沿着包括冲绳岛在内的琉球群岛还有许多飞机跑道。因此，日军可能动用在本土的3000或4000架飞机，运用致命的"神风式"自杀战术以抗击美军的进攻部队。

为了阻止可能出现的危险形势，尼米兹命令第五十八特混舰队对九州各机场发动一系列袭击。

第一特混舰队于3月18日和19日，对九州地区的机场、日本本土南部地区和停在濑户内海的日本舰队的残余舰艇，多次进行大规模空袭。

日军飞机进行了反击，击伤"企业号""约克城号"等航空母舰。"富兰克林号"遭到重创，800多名舰员丧生。

尼米兹又令轰炸机编队袭击九州的航空设施和基地。尼米兹还下令在下关海峡一带布雷。

在上述空袭活动中，美军虽然损失116架舰载机，但是击伤数艘日舰，并破坏了九州地区日军的各种设施及交通枢纽，使日军在此后的3周内几乎未能进行反击。

第五十八特混舰队补充油料后，于3月23日开始对冲绳岛实施猛烈轰炸。

包括步兵第七十七师在内的两栖进攻部队，攻占了冲绳岛西南15海里的庆良间列岛。这是整个登陆作战计划的一个组成部分，它为美军提供了一个隐蔽的锚地，这是一个不可多得的水上飞机基地和补给基地。

4月1日，即复活节清晨，特纳指挥的登陆大军开始在冲绳岛的白沙滩头登陆。登陆进行得异常顺利，当天，有5万名陆军部队和海军陆战队士兵登陆，先头部队夺取了两个机场。

4月2日中午，部分登陆部队已经横跨该岛，进至东海岸。此后，第二十四军的大部分兵力从右侧迂回，向南推进，海军陆战第一师向登陆地域以东前进。日军在冲绳岛的抗登陆兵力约有10万人，其中67000人是日本陆军的精锐部队。

日军部队为何没有抵抗呢？原来，守岛部队采用的战术是允许美军"充分登陆"，将美军"诱至于得不到海、空军火力掩护和支援"的地方，再一举歼灭其登陆部队。

没有在陆地上出现的殊死苦战却在冲绳海面展开了。

4月6日至7日，大约700架日机从九州起飞，袭击了第五舰队的舰只。这即是日军蓄谋已久的"菊水特攻"。

在两天的闪电式空袭中，美军有3艘驱逐舰和1艘登陆舰被击沉，2艘军火船被击爆炸，1艘扫雷舰和12艘驱逐舰受重创。日军飞机还撞入航空母舰"汉科克号"和战列舰"马里兰号"，美军数以百计的水兵死亡，剩下的许多人被严重烧伤，场面惨不忍睹。

这时，战斗在冲绳东北面半岛的陆战队以及在冲绳南部的陆军部队也遭

到了日军的顽强抵抗。日军利用洞穴、堑壕、掩蔽火力点袭击登陆美军，致使美军的推进严重受挫。

尼米兹认为，陆军的缓慢推进，使海军支援部队遭到巨大损失，大量海军水兵被日机杀伤。但他又感到很为难，是下令调查损失惨重的原因，还是强制自己不去干扰战场上的指挥，他一时拿不定主意。尼米兹每天都写信给夫人提到这种痛苦的心情。有一天他还向她承认，他为每个牺牲的官兵深感痛惜。

4月13日早晨，罗斯福总统逝世的消息传到太平洋指挥总部，这使得尼米兹的心情更为沉重："就我来说，我深深感到这是我个人的损失。"他写给夫人的信中说，"无论我们是否喜欢他的全部言行和主张——他始终主张建立强大的海军，他始终对我十分亲切、友好。我刚发出一份唁电，代表太平洋海区的全体官兵向罗斯福夫人表示哀悼。"

4月16日，海军陆战队司令、四星上将范德格里夫特和他的两名参谋来到关岛指挥部，请求去视察他在冲绳岛的部队，亲自去解决那里伤亡严重的问题。尼米兹没有批准他的要求。尼米兹解释说，他自己也想去，但战斗在激烈进行，危险性极大，因而不能派任何高级官员前往。

但是第二天，尼米兹突然改变主意，表示愿和范德格里夫特一同前往冲绳前线，这使得范德格里夫特大感惊讶。尼米兹改变主意的原因也许是迫于战局构成的"非常局势"，不得不进行直接干预了。

尼米兹抵达的次日，即与斯普鲁恩斯等人视察了美军占领的部分冲绳地区。

尼米兹针对地面行动停滞不前的状况，强烈要求陆战部队加速推进，以便尽早解脱支援舰队。巴克纳陆军中将声称，这不过是一次地面作战。言下之意是，冲绳岛作战是陆军的事，海军最好不要插手。

"这确实可能是一次地面作战，"尼米兹冷冷地扫了巴克纳一眼，"但我却每天损失一艘半军舰，它们受到'神风'飞机的沉重打击，或被击沉，或失去战斗力。所以，这条战线5天内不能突破，我们将调别的部队来突破

它。这样，我们就可以从这些可怕的空袭中抽身了。"

这样，巴克纳才勉强同意调陆战第五师和第六师来南部战场。范德格里夫特建议采用迂回进攻的战术，以打开局面。巴克纳仍然认为，在南部或东南部海岸采取何种登陆方式都将付出巨大代价，最好的办法是用大规模的舰炮火力将日军从据点中轰出来。尼米兹答应给予更强的火力支援。

为了顾全大局，尼米兹忍受来自各方面的批评，尽可能弥合海、陆军种之间的矛盾。在一次破例举行的记者招待会上，尼米兹对海军作出的牺牲只字不提，而是赞扬陆军非凡出众的作战表现，并指出陆军的战术是正确的，若从侧翼发起两栖登陆，将付出更大代价且浪费时间。

在这段时间里，尼米兹心情很不好，他的判断和决定受到最坚定的拥戴者的怀疑。但是，尼米兹坚持认为，首要的前提是保持军种间的和谐一致。

6月21日，美军宣布占领了冲绳岛。在炮声最后停息、支援舰只从冲绳海岸撤出时，对这一具有历史意义的战役也做出了统计。日军死亡约15000人，被俘7400人；美军阵亡约7600人，伤30000余人；有26艘舰只被击沉，360艘被击伤，大部分因日军"菊水特攻"行动所致。

此外，巴克纳将军阵亡，这是美军在太平洋战争中战死的最高级别的一位将领。

尼米兹指挥的中路部队浩浩荡荡地向日本本土推进，付出了惨重代价换来的辉煌犹如金色的光环带来了令人振奋的希望和信心。

而此时，麦克阿瑟的部队从新几内亚方向的进攻并未达到预期的效果，占领吕宋之后，他的部队仍在西南太平洋地区作战，只能南进到菲律宾南部和婆罗洲。

于是，军种间的内部争斗又展开了。麦克阿瑟责怪华盛顿束缚了他和整个陆军的手脚。他绝对无法容忍的是，当尼米兹指挥的以海军为核心的各级司令部进攻日本本土的同时，让他在南边"坐冷板凳"。

因此，麦克阿瑟把建立一个由他指挥的统一司令部的观点再度提出来。但他的观点遭到了来自海军的难以辩驳的反对。

将星
纵横

1945年4月3日，参谋长联席会议颁布了一项折中方案：在进攻日本时，麦克阿瑟将指挥太平洋地区的全部陆军地面部队和航空兵；尼米兹指挥太平洋的全部海军。这一方案意味着将进一步分裂被尼米兹称之为"不能团结工作"的联合指挥部；同时，任何陆军部队将来都难以听从海军将领的指挥。

尼米兹的耐心已经到了极限，他感到不能再次退让，否则，他将沦为麦克阿瑟的部属，而丧失自己的权力和责任。他以不容置疑的语言向麦克阿瑟

◆ 士兵乘船登陆

的特使萨瑟兰亮出了自己的观点："我现在不能答应把对于太平洋海区防务和作战计划不可或缺的陆军部队的作战指挥权交给他。"

然而，尼米兹也认识到，早日结束战争，比起两人的不和以及武装部队中两个局部的冲突来说，要重要得多。基于这一考虑，他还是决定去马尼拉与麦克阿瑟会谈，以取得双方的某种一致，尽早结束战争。

在两天的会晤中，两位高级将领尽可能以理智的态度去争取相同的目标，以谋求双方会谈的基点和最终从海、陆、空三方逼近日本的战略。

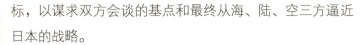

会谈解决了一些存留的问题，奠定了进攻日本九州、本州及其他岛屿的合作基础。按照双方达成的协议，在两栖进攻中，以海军将领为主、陆军将领为辅进行指挥。

尼米兹答应将进攻整个琉球群岛的任务移交给麦克阿瑟，并保证一如既往地为西南太平洋部队提供海上掩护。

这次会谈，使尼米兹意识到，他的统一指挥陆、海军的愿望是非常不现实的，他将再也不会提及全国范围的武装部队实行统一指挥的建议了。

一天，一位年轻的海军中校来到太平洋舰队总部，捎来金上将带给尼米兹的一份绝密文件。文件告知，当量为20000吨TNT的原子弹已经研制成功，将于1945年8月1日在太平洋战场使用。

一颗炸弹就能毁灭一座城市，全部或几乎全部杀死其居民，尼米兹对此深为惊讶。

此时，7月的"奥林匹克行动"计划和"王冠行动"计划已由继任总统杜鲁门批准在8月实施。

尼米兹则继续实施对日本本土的袭击，携带水雷的潜艇和飞机把日本对各岛屿的攻势压了回去。

1945年5月8日，德国宣告投降，这标志着欧洲轴心国

的最后失败。在欣喜的同时，尼米兹也感到德国的顽固抵抗使欧洲的胜利来得太迟了，已经基本上不会对太平洋战场产生直接的支援和影响了。

他确信，在盟军部队从欧洲调来之前，靠封锁和轰炸，即可迫使日本投降。

6月底，尼米兹飞赴旧金山，与金上将进行战争年代的最后一次会晤。这次会议为时仅一天，因为两位高级将领已经充分确信，"奥林匹克行动"与"王冠行动"都将不会付诸实施了。

破译的日本电讯表明，日本正试图通过苏联政府，伸出求和的触角。于是，尼米兹、斯普鲁恩斯着手将工作重点从制订"奥林匹克行动"方案转到为日本可能投降作准备上。

有关建立民事政府、处理战犯，直至战后重建工作方面的专家等事宜，都成了太平洋舰队参谋部讨论的话题。

海军武器专家带来了在新墨西哥州阿拉莫戈多爆炸的第一颗原子弹的资料影片。尼米兹认为使用原子弹违背人道主义精神和道德准则，这不是一种合法的战争手段。

但他又同意日本问题专家莱顿的看法，日本人的武士道精神是难以通过常规手段摧毁的。作为美军统帅，尼米兹还必须考虑另一个实际的问题，即他不想牺牲更多的美国人。

7月26日，美、英、中政府发布"波茨坦公告"，公告指出：日军必须无条件投降；除本国四岛外，日本应从其占领的一切领土上撤出，否则，只有"自取灭亡"。

这时，美军"印第安纳波利斯号"巡洋舰已将次临界铀235和两枚原子弹的组成部件运到了位于马里亚纳群岛中的提尼安小岛上。

日本政府对"波茨坦公告"所列条文未做出任何反应。

8月6日清晨，一架轰炸机装载着第一颗原子弹从提尼安岛起飞。8时15分整，死亡之神在广岛上空降落，不到15分钟，白色烟云便将全城卷入一片恐怖的火光之中。9时20分，美空军从1500海里外的日本上空向提尼安岛传来清

晰明确的消息："任务顺利完成！"

负责"原子弹计划"的法雷尔将军迅速将此情向尼米兹报告，并由具体负责该计划的另一将军格里夫斯转报正从波茨坦会议返国的杜鲁门总统。

同盟国又向日本发出了波茨坦会议议定的最后通牒，重申波茨坦会议精神，要求日本放弃一切领地属权，并由盟军占领日本本土，直至建立一个和平、负责的日本政府为止。

全世界都在拭目以待。尼米兹对日本政府愚顽不化的态度颇为吃惊。此刻日本人也很清楚，他们已绝无获胜的可能了，理应作出明智的反应。

然而，日本政府继续保持沉默。8月8日，苏联向日本宣战，并出兵中国东北。

8月9日凌晨，又一架携带原子弹的飞机从提尼安岛起飞。11时零1分，原子弹炸毁了九州的长崎市。

这大概是临近战争结束的最后一声巨响了。战火硝烟即将散去，和平的捍卫者和奋斗者们将开始赢得他们应有的荣誉。

8月10日，英国王室决定授予尼米兹将军"巴斯骑士大十字勋章"，授勋仪式在英国海军上将布鲁斯·弗雷泽将军的旗舰"约克公爵号"战列舰上举行。一条紫色绶带从尼米兹肩上披挂到胸前。

11日清晨，尼米兹收到金将军的一份电报，宣告了日本已停止抵抗的消息。

对尼米兹而言，这个消息实现了他对崭新明天的向往。这也是许许多多作出了崇高牺牲的勇士们的愿望。

在尼米兹看来，胜利早已是预料之中的事情，这一天，不过是如期来临而已，就好像是再一次证明了尼米兹的坚定信念和准确判断一样。

尼米兹起身下令实施新的战术手段。他向空中巡逻的飞行员发出信号："查明并击落一切偷袭者——尽可能不要采取报复手段。"

当欢庆胜利的声音激荡在美利坚上空时，杜鲁门总统在电台宣布，他已委托麦克阿瑟将军作为盟军最高司令，由他负责安排和主持日本投降仪式，

并签署和平文件。尼米兹顿感愤懑，他认为这是对海军将士的极大不公。在太平洋的历次战斗中都是海军身负重任，出生入死，而到了胜利时刻，却让一位陆军将领担当主角，摘取果实。这种任命说明全世界的目光将再次集中于麦克阿瑟身上，似乎主要是由他的部队把日本打败了。

尼米兹将此种情况报告金上将，并表达了自己的强烈不满。金立即向总统提出，如果由一名陆军将领主持和平协议，那么仪式应在一艘海军舰只上而不是在陆上举行。

海军部长福雷斯特尔还从国务卿处赢得一项协议：如果麦克阿瑟代表盟军在投降书上签字，尼米兹将代表美国签字。29日，尼米兹也乘水上飞机抵达东京湾，把将旗升在"南达科他号"上。

9月2日8时，尼米兹一行乘专艇赶到签字地点，舰上哨声大作，扩音器响起了"海军上将进行曲"。又过了一段时间，麦克阿瑟与参谋人员也抵达了。麦克阿瑟和尼米兹相互握手，共同庆祝这一难忘的时刻。

军中牧师祈祷后，乐队高奏美国国歌。麦克阿瑟和尼米兹一起走上露天甲板，哈尔西紧随其后。麦克阿瑟站在桌后发表了令人难忘的和平讲话，然后他请日本政府的代表走上前来签字。

麦克阿瑟代表盟军在日本受降书上签字时，美陆军的乔纳森·温赖特将军和英国陆军中校亚瑟·珀西瓦尔站在他的身后，这二人都曾是战俘，刚从日本战俘营乘飞机赶来。

切斯特·尼米兹海军五星上将接着走上前来，代表美利坚合众国签字。麦克阿瑟五星上将和哈尔西上将、谢尔曼少将站在他的身后。

几天以后，尼米兹登上一架飞机飞返珍珠港，然后去旧金山。

这是举国欢庆的时刻，也是欢迎英雄荣归故里的时刻。海军部长福雷斯特尔认为，太平洋美军总司令像陆军领袖们一样为胜利创立了殊功，理应享受同样的待遇。他准备在10月初为尼米兹举行一次抛彩带的夹道欢迎。

尼米兹一向不是追名逐利的人，他起初反对这种煞费苦心的安排。但是，他必须面对这样一种事实：他是全国海军的代表，海军和陆战队员在太

平洋战争中作出了突出贡献，可以说，是海军真正赢得了这场太平洋战争的胜利，应该使人民了解这一点。他所接受的将是全体海军的荣誉，他没有权利，也没有理由拒绝这一荣誉。

事实上，海军是无法被忽略的。来自民间邀请尼米兹参加庆祝活动的请柬，像雪片一样从各处飞来。那些留有尼米兹成长足迹和业绩的城市更是无法忘记这位海军的杰出人物为他们付出的一切。旧金山、纽约以及得克萨斯州的达拉斯市、奥斯汀市、克维尔和弗雷德里克斯堡的市政当局及普通群众以无法拒绝的盛情向尼米兹伸出了热烈欢迎之手。

尼米兹将军

在福雷斯特尔的努力下，华盛顿官方决定将10月5日定为"尼米兹日"，将组织3000米长的游行庆功队伍。届时，尼米兹将在两院联合大会上发表演讲，并由哈里·杜鲁门授勋。

在赴华盛顿出席盛典的路上，尼米兹在旧金山稍事停留。这里是他经常造访的城市，战争期间，他和金上将曾在这里多次举行军事会议，他的妻子和小女儿也在这里长期生活。此次，代理市长丹·加拉菲尔邀请他去市政厅以表示特殊敬意。

市政厅没来得及组织正式的游行，但尼米兹的行车路线早已家喻户晓。

当汽车经过时，成千上万的人们自发地聚集在街道两旁欢迎凯旋的将军。在市政大厅，丹·加拉菲尔当众把旧金山市的一把钥匙送给尼米兹。尼米兹将军说："为了这把钥匙，山本五十六可是付出了他的一切啊！"

人群爆发出阵阵欢呼之声。旧金山的每个市政官员和公民都为他的话而感动。这座地处太平洋东岸、易受敌人袭击的城市，对这位来自海上的坚定沉着、敏锐睿智、足可信赖的将军始终充满着敬意和亲切感。

次日晨，尼米兹及其夫人、拉马尔中校和谢尔曼少将一行人抵达华盛顿。他们没有时间休息，直接从机场乘车到国会大厦，尼米兹将在那里向国会议员们发表演讲。

这是绝无仅有的时刻。在两院联席会议上发表演讲，所有议员都到了会。通道上坐满了人，楼道里也挤满了人。这是一种特殊荣誉，人们愿意把掌声和鲜花给予这位来自前线的默默奋斗的将领。

尼米兹着重讲了4个问题。这些问题成为他在战后反复演讲的中心：海军在打败日本的战争中起了主要作用；日本提出求和要求是在投掷原子弹之前；必须研制新武器；保持一支强有力的海军是当务之急。

他说："像原子弹这类新武器可以改变战争的特点，但不能改变我们必须获得制海权的现实。我们现在已经获得了制海权，我们有力量和资源把它保持住。"

尼米兹热情地呼吁在座的参议员们，要维持一支强大的海上力量，并且在需要时准备使用这支力量。

在雷鸣般的掌声欢送下，尼米兹离开国会大厦，坐在汽车高高的后座上，沿着宾夕法尼亚大街和宪法大街驶向华盛顿纪念碑。

50万华盛顿市民从商店、学校、政府机关涌向大街向他欢呼。在橱窗、电线杆、广告栏上到处张贴着尼米兹的宣传画。1000架海军战斗机和轰炸机在游行队伍上空掠过，有的机尾拖着红、白、蓝三色烟雾，一些飞机还组成了"尼米兹"英文字的字形。

在游行队列中，牵引车拖着缴获的日本飞机。队伍中有大量海军学员、

陆战队员、海军护士、海岸警卫队妇女后备队员、海军妇女队员以及参加过南太平洋各次海上战役的老兵。

尼米兹到达华盛顿纪念碑后，发表了当天的第二次演讲。在这篇演讲词中，他说："也许，无须更多的预示，人们即可明白，历史将认为现阶段不仅是一场大战的结束，而且是新的原子时代的开始。"

他希望原子能将被驾驭和使用在"工业和对人类有益的事业上"。

尼米兹一行接着驶抵白宫玫瑰花园，杜鲁门总统在这里授予他殊勋勋章。尼米兹表示，他是代表战斗在太平洋的200多万名官兵接受这枚勋章的。他希望借此机会向水兵、士兵、陆战队员和海岸警备队员致以敬意。

他向总统说："我接受这项荣誉也像你'圆满完成'一项工作而接受荣誉一样，工作是他们完成的。"

将星纵横

第二次世界大战著名将领

铁木辛哥

　　谢苗·康斯坦丁诺维奇·铁木辛哥，苏联元帅，军事家。生于今敖德萨州富尔曼诺夫卡镇。1915年加入俄军，参加第一次世界大战。是1941年苏德战争爆发时的苏军高级指挥官。1943年3月起作为最高统帅部大本营代表，协调几个方面军作战行动，组织实施了许多重大战役。曾两次获得"苏联英雄"荣誉称号。

战争爆发

苦战斯摩棱斯克

谢苗·康斯坦丁诺维奇·铁木辛哥，1895年2月6日生于俄国乌克兰的富尔曼卡镇。1915年，20岁的铁木辛哥应征入伍。第一次世界大战时在西方面军当列兵，1917年俄国二月革命爆发后，他随部队参加了平定科尔尼洛夫反革命叛乱和卡列金之乱的作战。

1918年苏俄红军成立后，他加入红军。1919年10月，铁木辛哥任红军骑兵第一军第六师师长，率部参加了在沃罗涅什、罗斯托夫、日托米尔和迈科普等地的作战。

1920年8月，铁木辛哥转任骑兵第四师师长，参加了粉碎协约国支持的弗兰格尔军队和赫诺匪帮的作战。铁木辛哥在保卫年轻的苏维埃共和国的作战中立下战功，两次荣获红旗勋章。

1939年9月1日，第二次世界大战爆发后，德军在短短的十几天时间内占领了大半个波兰。苏联为建立"东方战线"，加强国防，以保护波兰境内的乌克兰人和白俄罗斯人为由进军波兰东部。时任基辅特别军区司令员的铁木辛哥率领两个方面军约60万人，越过寇松线，占领了西乌克兰。

11月30日，苏芬战争爆发，苏军侵入芬兰。芬兰依托有利地形和曼纳海姆防线重创苏军，苏军进攻受挫。

1940年1月初，苏联组建西北方面军，由铁木辛哥任司令员，准备再次进攻芬兰。2月11日，铁木辛哥发起进攻，三天后突破曼纳海姆防线。芬兰战败，被迫求和。鉴于铁木辛哥在苏芬战争中指挥出色，战绩卓著，苏联政府特别授予他"苏联英雄"的称号。5月，被任命为国防人民委员，不久被授

予苏联元帅军衔。

希特勒入侵苏联的"巴巴罗萨"绝密计划即将执行。"巴巴罗萨"的意思是"红胡子","红胡子"是神圣罗马帝国皇帝腓特烈一世的绰号,腓特烈一世是崇尚侵略扩张的家伙。

希特勒将进攻苏联的计划的代号定为"巴巴罗萨"就是希望像红胡子一样,以闪电战的方式突然袭击苏联,打垮苏联。

铁木辛哥对德军在苏联边境的行动极为警觉。苏联情报部门关于

铁木辛哥元帅

大量德军向边境集结的报告和苏联谍报人员佐尔格从日本提供的关于德军侵苏计划的报告,引起他的极大注意。他认为德军侵苏在即。

1941年6月13日,铁木辛哥打电话给斯大林,要求下达边境部队进入作战状态的命令,并实施掩护计划展开第一梯队。斯大林未采纳他的意见。

这时,德军向边境大规模集结的行动已经十分明显。经斯大林同意,铁木辛哥向各军区司令员建议,以举行兵团战术演习为名,使部队向掩护计划所规定的展开地域接近。这一建议在各军区都得到执行,但是大部分炮兵部队因在靶场进行训练而未能参加这次行动。

6月21日晚,基辅军区参谋长普尔卡耶夫向总参谋长朱可夫报告,据一名向苏军边防部队投诚的德军司务长供称,德军正在进入进攻出发地域,将于6月22日,发动进攻苏联的战争。

朱可夫立即向铁木辛哥和斯大林报告。斯大林与铁木辛哥和朱可夫等高级将领分析了形势之后,同意立即命令边境军区边境部队,于当夜隐蔽占领国境筑垒地区各火力点,于次日拂晓前将全部军用飞机分散到各野战机场并

予以伪装，所有部队进入战备状态，城市和目标地区实行灯火管制。命令在次日零时30分下达完毕，这时距德军入侵苏联仅几个小时了。

6月22日拂晓，德国出动了包括荷兰、匈牙利和意大利军在内的190个师，共约550万人，4300辆坦克、47200门大炮、4980架飞机，向苏联西部发动大规模的进攻。

7月8日，德军统帅部给"中央"集团军群司令博克元帅规定了任务：合围防守西德维纳河和第聂伯河地区的苏军，攻占奥尔沙、斯摩棱斯克、维捷布斯克地域，为自己开辟一条通往莫斯科的捷径。

7月9日，德军已向苏联腹地推进350至600公里。

7月10日，苏军最高统帅部改组，以斯大林为首，成员有莫洛托夫、铁木辛哥、伏罗希洛夫、布琼尼、沙波什尼科夫、朱可夫和库兹涅佐夫等人。最高统帅部决定将前线划成3个战区，伏罗希洛夫为西北战区司令，布琼尼为西南战区司令、铁木辛哥为西部战区司令兼西方面军司令员。

🔻 德军入侵苏联（场景模拟）

此时德"中央"集团军群的先头部队已到达斯摩棱斯克。德军的企图是，以强大突击兵团分割铁木辛哥的西方面军，将其主力合围于斯摩棱斯克地区，然后长驱直入莫斯科。

斯摩棱斯克是俄罗斯的西部重镇、斯摩棱斯克州首府。其西面与白俄罗斯为邻，东北距莫斯科不足400公里，素有"莫斯科门户"之称。该市位于斯摩棱斯克—莫斯科高地西北麓，横跨第聂伯河两岸，明斯克—莫斯科铁路与公路干线由此通过，战略地位十分重要。

苏最高统帅部命令铁木辛哥坚决顶住德军的进攻。铁木辛哥将来自大本营预备队并编入西方面军的第二十二、第十九、第二十、第十六和第二十一集团军，沿两河一线由北至南依次展开，而将边境交战中被德军击溃或削弱的西方面军所属第十三、第四、第三和第十集团军的一些兵团调往后方休整补充。

为加大这一方向的防御纵深，苏军在西方面军主要防御地区以东210～240公里处的涅利多沃、布良斯克一线展开第二十四和第二十八预备队集团军，并在西方面军侧后陆续组建后备方面军、中央方面军和预备队方面军。但在斯摩棱斯克战役开始前，从大后方调入西方面军的48个师中，只有24个师到达伊德里察至日洛宾以南地域一线并占领阵地，未及建立稳定的纵深防御。

7月10日当天，德军"中央"集团军群所属第四装甲集团军在第二航空队支援下，以宽大正面强渡第聂伯河，发起斯摩棱斯克战役。苏德双方在"这个曾经成为拿破仑军队通往莫斯科道路上的可怕障碍的俄罗斯古城"及其附近，正面500余公里，纵深200余公里的广阔地域内，进行了一系列激战和反复争夺。

10日下午，德军第二装甲集群绕过苏军莫吉廖夫和奥尔沙集团，在罗加乔夫至什克洛夫以北的第聂伯河许多河段突破苏军西方面军的防御后，以第二十四、第四十六和第四十七装甲军分别向普罗波伊斯克—罗斯拉夫尔公路，戈尔基、叶利尼亚方向和明斯克—斯摩棱斯克公路以南地域推进；第三

装甲集群所属第三十九装甲军从维捷布斯克地域西德维纳河登陆场向韦利日方向发起进攻，迫使苏军第十九集团军向斯摩棱斯克方向退却，第五十七装甲军在波洛茨克附近突破苏军防御，尔后向涅韦尔方向发展进攻，将苏军第二十二集团军逐向大卢基地域。苏军西方面军的防御部署被德军割裂为3段，中段的斯摩棱斯克地域是双方争夺的重点，其南北两翼也展开激战。

在斯摩棱斯克地域，为阻止德军长驱直入，苏军第十六、第十九和第二十集团军各一部，分别在斯摩棱斯克以西地域和奥尔沙附近向德军发起反突击。7月13日，铁木辛哥以左翼第二十一集团军发动反突击，渡过第聂伯河，夺回罗加切夫、日洛宾，并向博布鲁伊斯克挺进，袭击德军"中央"集团军群的南翼，牵制了德军8个师。

7月14日，苏军第二十集团军所属火箭炮兵连首次使用BM-13，即"喀秋莎"火箭炮，对奥尔沙铁路枢纽实施齐射，予德军以很大震慑。然而，在德军飞机猛烈袭击下，苏军反突击部队被迫退却。

随着斯摩棱斯克地域形势的恶化，苏军总统帅部于7月14日在西方面军后方组建以波格丹诺夫中将为司令的后备方面军，下辖第二十九、第三十、第二十四、第二十八、第三十一和第三十二集团军，在旧鲁萨、奥斯塔什科夫、别雷、伊斯托米诺、叶利尼亚和布良斯克一线组织防御。

为尽快合围苏军斯摩棱斯克集团，德军将进至韦利日以东至杰米多夫一线的第三十九装甲军调往斯摩棱斯克以北地域，并于7月16日占领斯摩棱斯克东北约50公里处的亚尔采沃。

同日，德军第四十七装甲军和进至第聂伯河一线的第二集团军第九军，分别攻占斯摩棱斯克和奥尔沙，迫使苏军第二十和第十九集团军从斯摩棱斯克地域向西北撤退。

7月20日，德军第四十六装甲军占领斯摩棱斯克东南70余公里处的叶利尼亚，从而形成伸向莫斯科方向的突出部。至此，德军向东推进近200公里，苏军第十九、第二十和第十六集团军在斯摩棱斯克西北和以东地域面临被合围的危险。

为解除斯摩棱斯克集团被合围的威胁，斯大林于7月20日命令苏联元帅铁木辛哥，于几天内向德军发起进攻。

为此，苏军总统帅部便将后备方面军和大本营预备队的17个师转隶西方面军，编成5个集团军级战役集群。7月23日至25日，苏军西方面军以4个集团军级战役集群，分别从别雷、亚尔采沃和罗斯拉夫利地域向斯摩棱斯克地域实施向心突击，企图与包围圈内的苏军集团里应外合，歼灭斯摩棱斯克南北的德军突击集团。

这次反突击钳制了德军大量兵力，迟滞了德军进攻，有力地支援了苏军第二十和第十六集团军主力从亚尔采沃以南缺口向东突围。然而，苏军的反突击兵力不够强大，进攻准备比较仓促，各战役集群投入战斗的时间前后不一，反突击部队同被围部队之间的协同动作不够密切，因而未能完全达成预定目标。

7月26日，德军从东面封闭了斯摩棱斯克合围圈。

为支援西方面军作战，并掩护莫斯科方向，苏军于7月30日又在西方面军后方组建以朱可夫为司令的预备队方面军，下辖第三十四、第三十一、第二十四、第四十三、第三十二和第三十三集团军。

至8月5日，德军消灭了被合围的苏军部队。自7月10日以来，德军在斯摩棱斯克地域俘虏苏军约31万人，缴获或摧毁坦克约3200辆、火炮约3100门。

在斯摩棱斯克以北地域，双方的作战规模相对较小。7月14日，德军第三十九装甲军占领韦利日，尔后被调往中段的斯摩棱斯克地域，从而使德军"中央"集团军群北翼的突击力量有所减弱。

两天后，德军第五十七装甲军攻占涅韦尔，后奉命以第十九装甲师向大卢基方向前进，以缓解德军北方集团军群的南翼威胁，加快对列宁格勒方向的进攻。

7月16日，加入战斗的德军第九集团军以一部兵力占领波洛茨克，7月20日进至戈罗多克、涅韦尔一线，尔后接替第十九装甲师，向大卢基方向实施钳形突击。在此期间，被德军分割为几部分的苏军第二十二集团军，继续在

大卢基等地顽强抗击德军进攻。

在斯摩棱斯克以南地域，形势复杂多变。7月13日，苏军第二十一集团军兵分3路，从戈梅利及其以北地域转入进攻。其中，第六十六步兵军向西推进近80公里，占领了别列津纳河和普季奇河的一些渡口；第六十三步兵军成功地强渡第聂伯河，一举收复了罗加乔夫和日洛宾，尔后向博布鲁伊斯克方向发展进攻；第六十七步兵军协同第十三集团军，在罗斯拉夫尔方向阻止了德军第二十四装甲军的进攻。

对此，德军领导集团深感意外。

7月17日，德军才以第二集团军所属第四十三和第五十三军将苏军进攻阻止在博布鲁伊斯克以南、日洛宾西南一线。同日，被合围在克里切夫地域的苏军第十三集团军一部经艰苦奋战突出重围，东渡索日河。

7月20日，德军第二集团军进至别列津纳河与第聂伯河之间后，占领帕里奇和新贝霍夫，并在莫吉廖夫南北两侧夺得第聂伯河登陆场。

7月下旬，根据苏军总统帅部的统一部署，在向斯摩棱斯克地域实施反突击的同时，以1个骑兵集群突入博布鲁伊斯克西南及其以西地域，在奇袭德军第二集团军的后方交通线后，退至普里皮亚季河以北地域实施防御。

从7月23日至25日，苏军从别累伊—亚尔策沃—罗斯拉夫利向斯摩棱斯克进行反击。此役虽未取得全部预期战果，但支援了被围之第十六和第二十集团军的突围，并牵制了大量德军，严重削弱了德军力量。

为加强对西方面军南翼的军队指挥，苏军总统帅部于7月24日决定，以第十三、第二十一和第三集团军组建以库兹涅佐夫上将为司令的中央方面军，统一指挥别列津纳河与第聂伯河之间及索日河一带的苏军作战行动。

在斯摩棱斯克地域的战斗即将结束之际，为加强对南北两翼苏军的进攻，并解决步坦协同方面的矛盾，德军"中央"集团军群于7月29日撤销第四装甲集团军的建制，将其所辖第三装甲集群转隶北翼的第九集团军，第二装甲集群与第二集团军一部合编为古德里安集团军级集群。

到7月底，德军步兵损失20%，坦克损失50%。德军疾进莫斯科的企图被粉

碎。7月30日，希特勒发布了第三十四号指令：

> 最近几天形势的发展，强大敌军出现于"中央"集团军群正面和两翼，供应情况以及第二和第三坦克集团军需要大约10天的休整时间——这一切使我们必须推迟执行7月19日第三十三号指令和7月23日补充指令所规定的任务和目标。因此我命令："中央"集团军群利用有利地形，转入防御。

此后，希特勒将首攻莫斯科的战略目标转为首攻列宁格勒和乌克兰。德"中央"集团军群一部转而支援"北方"集团军群，另有两个集团军转向南下，插入苏西南方面军后方，从第聂伯河东岸包抄苏军，进攻基辅。

德军主攻方向转移后，苏军3个方面军对斯摩棱斯克及其南北两翼发动了全线反攻，但因兵力和武器不足，未能取得胜利。从9月10日开始，苏军斯摩

苏军坦克部队（场景模拟）

棱斯克一线的3个方面军同时转入防御。持续两个月的斯摩棱斯克会战暂告一段落。此役苏军失利，但也使德军遭受严重损失，被歼德军25万人，牵制德军达两个月之久，为苏军赢得了宝贵的时间。

在斯摩棱斯克战役中，德军利用苏军立足未稳，防御体系尚不完备，依靠强大的装甲兵力与密切的步坦协同，连续实施深远的钳形突击、分割包围和各个击破，歼灭了苏军大量兵力，占领了斯摩棱斯克等战略要地，向第聂伯河以东推进200余公里，从而打开了通往莫斯科的门户，率先达到《"巴巴罗萨"作战预令》为其确定的第一阶段作战目标。

与此同时，苏军不断投入新锐兵力，以顽强的防御和接连不断的反突击毙伤德军，迟滞德军进攻，为加强莫斯科的防御赢得了宝贵时间。在苏军有力打击下，德军的作战能力，特别是装甲突击力明显下降，对其尔后作战造成严重影响。因而，希特勒在8月4日视察"中央"集团军群时承认，如果在发动侵苏战争前就知道苏军的坦克和飞机有那么多，他就很难定下侵苏决心。

艰难反击
夺取罗斯托夫

9月中旬，战役重点转移到西南战区的乌克兰。此时，优势的德军已开始在基辅地区形成对苏西南方面军的合围。西南战区司令布琼尼元帅请求斯大林准予他撤退。斯大林不准，要求死守基辅地区，并撤消了布琼尼元帅西南战区司令的职务，转令铁木辛哥元帅接任。

9月13日，铁木辛哥接管了全乌克兰苏军部队的指挥权。他立即发现德军已形成合围，局势已无法挽回。他立即派出西南方面军参谋长图皮科夫少将飞抵莫斯科，面见斯大林，坚决要求将部队撤出基辅地区。斯大林仍严令坚守基辅地区。

9月16日，铁木辛哥发现德军对西南方面军的合围已经闭合，即下令第四十、第三十八集团军，及第二、第五独立骑兵军从东面发起进攻，以求割裂德军合围正面，击退德军装甲兵团。

苏军坚决执行了铁木辛哥的命令，但未能成功。与此同时，铁木辛哥再次坚决要求最高统帅部准予西南方面军全线突围，撤出基辅地区。次日凌晨，斯大林同意苏军突围，但为时已晚，西南方面军各部已被德军分割包围。

铁木辛哥集合各部不惜一切代价突围、并尽其所能地组织了几次较大规模的突围行动。由于指挥系统已遭破坏，难以集中大量兵力，几次突围均未成功。但是仍有15万官兵突出德军重围。

基辅会战，苏西南方面军几乎全军覆没，损失52万人，但为保卫莫斯科赢得了宝贵的时间。

　　基辅会战结束后，西南战区司令铁木辛哥立即重新组建了西南方面军司令部，自己兼任方面军司令员，同时迅速重建了西南方面军。这时西南战区的战事集中在顿巴斯地区。为加强铁木辛哥的力量，最高统帅部将南方面军交由他指挥。

　　1941年11月，德国南方集团军群企图经罗斯托夫向北高加索实施突击，对罗斯托夫威胁最大的是其第一装甲集团军，该集团军的司令是陆军元帅克莱斯特。为解除威胁并阻止德军突向北高加索，铁木辛哥主张用所辖的南方面军发动进攻战役以歼灭罗斯托夫方向的德军，得到最高统帅部批准。

　　11月5日拂晓，德军对苏军步兵第一三六、三十、一五〇师配置地点实施了猛烈的航空兵和炮兵突击，阵地上烟火冲天。随后，克莱斯特就令坦克和摩托化步兵前进。德军的坦克纵队不仅占领了所有道路，而且占领了道路

▼ 苏军士兵在战场上（场景模拟）

间的间隙地。

可是，它们刚接近苏军第一三六师阵地，被炮弹和炸弹打坏的掩体就仿佛复活了：步枪的射击汇成了齐射，机枪的长点射使德军步兵成群倒下。迫击炮和火炮也一齐开火。随后，苏军坦克从翼侧猛冲出来。德军退下去了。在瓦西连科中校的步兵第一三六师阵地前，有29辆德军坦克被烧毁。

但是，德军70辆坦克终于在近15时楔入苏军步兵第一三六师防御。11月6日，第一三六师和坦克第一三二旅被德军切断了与第九集团军其余兵力的联系，退到了季亚科沃地域。

11月7日晚，铁木辛哥判断情况后得出结论，克莱斯特集团军的进攻正在减弱，德军在逐渐衰竭。

不久，这一预测就应验了：克莱斯特军队减弱了攻击，苏军第九集团军各兵团的态势明显稳定了。他们退过昆德留奇亚河并接近新沙赫京斯克市后，便设防固守，充满信心地抗击德军的冲击。

这天，在中断联系很久后，铁木辛哥又同突围成功的布良斯克方面军司令部建立了通信联络。布良斯克方面军参谋长扎哈罗夫少将谈了方面军和莫斯科附近的战况，说明了德军的特点。扎哈罗夫希望布良斯克方面军和西南方面军之间建立较密切的协同，请求从季姆市地域派出第四十集团军的一个加强支队，以便同第十三集团军近卫步兵第二师建立牢固的联系。

铁木辛哥同意调一个支队来保障同布良斯克方面军的接合部，但同时要求建立两方面军之间更经常和密切的联络，建议互派联络军官。扎哈罗夫欣然同意。这样，在同布良斯克方面军中断联络几乎一个月后，终于又同它重新建立了经常的通信联络和协同，从而极大地巩固了莫斯科方向作战军队左翼的态势。

11月9日，铁木辛哥同切列维琴科将军联系，命令他加紧进攻准备，并且只能依靠他所拥有的和答应从西南方面军调给他的那些兵力兵器。切列维琴科回答，他和他的司令部正加紧进行战役准备。

11月12日，南方集团军参谋长安东诺夫将军把未来进攻战役计划送总司

令批准。预定以重建的第三十七集团军全部兵力，第九集团军一部和第十八集团军一部自11月16日晨起向巴甫洛夫卡镇至大克列平斯卡亚以至塔甘罗格这一总方向实施主要突击。目的是与独立第五十六集团军协同，消灭克莱斯特坦克集团军主力，南方面军前出到米乌斯河。

整个战役拟分三个阶段实施：11月11至15日——集中突击集团和进行战役准备；11月16至19日——转入进攻，粉碎克莱斯特集团军楔入第九集团军配置的一个集团，前出到图兹洛夫河一线；11月20至22日——发展既得胜利，前出到米乌斯河一线。

方面军突击集群的第三十七集团军应成两个梯队进攻，第一梯队有4个步兵师和一些坦克旅；第二梯队有2个步兵师。霍伦将军的骑兵军和内务人民委员部的一个旅配置在第三十七集团军后面。

计划包括了战役组织、准备和实施的一切问题，并且反映了铁木辛哥的基本要求：进攻应完全出乎德军意料之外；新集团军应配置在预计克莱斯特可能恢复冲击的地段；至迟于11月16日开始进攻，以便先发制敌，并通过对克莱斯特集团军实施突击，帮助防守罗斯托夫的第五十六集团军；应使进攻的军队在情况一旦发生急剧变化时能够毫不费力地转向任何方向。

铁木辛哥批准了这一计划。

在进攻前夕，德军庞大兵力却开始迂回西南方面军北翼，铁木辛哥意识到，如果德军的阴谋得逞，西南方面军与莫斯科作战军队有被隔绝的危险。

铁木辛哥立即命令派2列装甲列车、1个工程兵营、1个反坦克炮兵团、52辆坦克和64架飞机去加强第三集团军。他还决定向大本营求助，虽然他知道莫斯科的处境也十分困难，但没有别的办法。因为西方面军和西南方面军接合部如出意外，可能会使莫斯科保卫者的处境更加困难。

虽然此时第三集团军在叶夫列莫夫失守后已阻住德军的进攻，但其暴露的右翼遭到深远迂回，却使铁木辛哥深感不安。因此，他在准备发给斯大林的一份电报中，力图强调西方向和西南方向接合部的威胁正在增大。

电报说："在图拉附近受阻的敌军察明布良斯克方面军第三集团军中

的薄弱点后，沿公路向叶夫列莫夫发起进攻，兵力为两个步兵师和一个坦克师，正迫使第三集团军后退。"

铁木辛哥在开列了他决定用来加强第三集团军的那些兵力兵器后说，他已经什么都无法再给了。

电报发出不到两小时，最高统帅就通过沙波什尼科夫元帅进行了答复，从答复中知道，大本营目前只能拨出步兵第二三九师来加强第三集团军，该师正仓卒开赴该集团军右翼，以便对德军迂回部队实施反冲击。

铁木辛哥同南方面军司令员进行了联络，问是否做好了进攻的一切准备。切列维琴科报告，军队不可能在11月16日开始实施战役。许多部队和兵团，其中包括坦克第三旅和反坦克炮兵第五五八团，都来不及集中。调来参加进攻的军队未能全部获得冬季的服装，也使事情变得复杂化。

铁木辛哥不同意那样拖延，他要求切列维琴科采取最坚决的措施，以便如期发起进攻。他认为，如果不在各卸载站耽搁，那么第一梯队的所有兵团都是来得及到达出发地域的，还应该竭尽全力保证人们穿上暖和的服装。元帅通知将拨给20辆完好坦克加强坦克第三旅后，答应切列维琴科将于11月16日中午到他那里进一步明确一切问题。

由于担心克莱斯特可能随时对南方面军左翼实施新的突击，铁木辛哥最后说："您转告哈里托诺夫：他要坚守战线两天——一步也不许后退。否则我对他的看法就会彻底变坏。您把坦克给他。"

11月16日，铁木辛哥在一些将军和军官的陪同下到达卡缅斯克—沙赫京斯基南方面军司令部。

"你们为什么还没有转入进攻？"这是铁木辛哥在会见时向方面军司令员提的第一个问题。

方面军司令员报告，并不是第一梯队的所有军队都来得及占领出发地位。在第三十七集团军，总共只有一个坦克旅开到指定地点。天气又很坏——雨雾弥漫，云层很低，连一架作战飞机都无法升空。

切列维琴科接着说，今天早上第十二集团军司令员科罗捷耶夫将军报

135

告：德军已在顿巴斯转入进攻。但科罗捷耶夫没有预备队。很难预见那里的情形会是怎样。

铁木辛哥也明白，情况确实不很有利，因此他不动声色地听完了方面军司令员的理由。可是他责备地说：

"时间不等人哪，切列维琴科同志。您在想往后会更容易些？我们不能等待克莱斯特恢复元气来打我们。到那时，进攻就晚了，又只好去进行抵抗了……"

铁木辛哥听取了方面军司令员的汇报，又布置了任务后，对会议作了总结："同志们，这样的话，你们现在没有任何充分理由推延进攻。明天早上八点钟，最迟九点钟，你们就开始吧。"

11月17日9时40分，第三十七集团军司令员报告："在30分钟炮火准备后，步兵第九十六、二五三、九十九、五十一师在坦克第三、一三二旅支援下开始冲击。"

铁木辛哥全神贯注于罗斯托夫进攻的进展，所以暂时不再过问北翼的态势，而派自己的副手去那里。

进攻第一日未能取得预期战果。第十二集团军司令员报告，德军在步兵第十五、二三〇师接合部楔入苏军防御约15公里后，正继续向五一城推进。贝奇科夫斯基骑兵军和由方面军预备队转隶的步兵第二一八师尚未到达突破地域。因此处境仍然是危险的。

铁木辛哥命令切列维琴科向各集团军司令员转达以下要求：从11月18日晨起，加强猛攻，日终前不是像计划规定的那样进至左图兹洛夫河，而是要深远得多，进至米列罗沃、杰尼索沃—阿列克谢耶夫卡、巴里洛—克列平斯卡亚一线，以便突入德军摩托化第十四军后方。

第二天，交战进程还是不明朗：进攻的军队一路进行苦战，前进缓慢，并在德军已作好防御准备的一些居民地旁长时间受阻。

这时，突入大萨雷的德军坦克并未在夜间被消灭。早上，有一个坦克群已向罗斯托夫北郊急进，另一个则向在该市以西防守的各师后方急进。

战斗越来越激烈。无论是铁木辛哥还是南方面军司令员都开始确信，需要采取最坚决的步骤才能使进攻过程出现转折。

铁木辛哥决定改变骑兵军的任务：将其撤至米列罗沃、杰尼索夫斯基、杰尼索沃—阿列克谢耶夫卡地域，并且加强一个坦克旅，令其向东面巴里洛—克列平斯卡亚前进。第九集团军骑兵第六十六师和坦克第一四二旅应与骑兵军对进，向德军实施突击。这些兵力一旦进至德军摩托化第十四军部队后方，必将使该军遭歼。铁木辛哥还命令将步兵第二九五师调到第十八、三十七集团军接合部，以保障骑兵免受来自西面的突击。

11月19日，铁木辛哥的企图开始实现了。在第三十七集团军右翼进入交战的骑兵军和步兵第二九五师，一边摧破德军的顽抗，一边向前推进，迂回到季亚科沃和沿纳戈利纳亚河防守的德军部队后方。

这天步兵第九十六师部队打得很艰苦。其右翼步兵第二〇九团打退了德

苏军在战场上（场景模拟）

军每次都有20辆左右坦克参加的3次反冲击。在争夺皮萨纳亚高地战斗中，沙特罗夫斯基中尉炮兵连的炮手们英勇作战，推出火炮实施直接瞄准射击，承受着16辆坦克的突击，击毁了其中9辆。

德军第十四军地带防御开始崩溃，并未使克莱斯特清醒过来。他继续疯狂扑向罗斯托夫。为了切断苏军列梅佐夫将军所部退路，克莱斯特于11月20日向阿克赛斯卡亚镇、罗斯托夫北郊和红戈罗德萨德投入了3个大的坦克群，在损失了三分之一战斗车辆后，终于突入罗斯托夫市。火车站落入德军摩托化步兵手中。

法西斯最高统帅部力图牵制苏军各预备队，并以此减轻克莱斯特夺取罗斯托夫的困难。为此，德军在其他地段也加大攻击力度。11月19日，德军夺取了季姆市，继续向五一城猛扑。而且，在西方面军与莫斯科接合部的猛攻也开始加强。这就迫使铁木辛哥暂时让切列维琴科将军全面负责继续进攻，自己则返回西南方面军司令部。

11月21日16时，第五十六集团军司令员列梅佐夫将军报告，他的军队已放弃罗斯托夫市，履冰到达顿河南岸。铁木辛哥用拳头猛捶了一下桌子说道："我们要给克莱斯特一点厉害看看了！"

铁木辛哥决心在罗斯托夫城把克莱斯特全部歼灭。他担心德军清醒后弃城西逃，便命令切列维琴科将军把第三十七集团军全部兵力调往大克列平斯卡亚，加速南下。同时，苏军大本营也给列梅佐夫新派来3个步兵师和3个步兵旅。

克莱斯特攻占罗斯托夫，使希特勒异常高兴，法西斯军事当局向全世界吹嘘了自己的"新的伟大胜利"。无论是希特勒大本营，还是德国陆军总参谋部都深信，克莱斯特战绩辉煌。

11月22日早上5点多钟，莫斯科给铁木辛哥发来一份电报指出：罗斯托夫失守并未改变南方面军的任务，它应向塔甘罗格加紧猛攻。莫斯科正确判断了情况，也预料克莱斯特会急忙跳出陷阱。

德军夺占罗斯托夫的消息，激起了苏军战士的愤怒。他们英勇顽强地向

前猛冲。11月22日，切列维琴科报告，德军忍受不住苏军的猛攻，遗弃重武器和技术装备，正向南溃退。

可是一切迹象表明，克莱斯特并不打算放弃罗斯托夫。

铁木辛哥命令，苏军进至图兹洛夫河，从那里向罗斯托夫突击。加强了坦克的霍伦将军骑兵军，则被调往塔甘罗格，与第十八集团军部队一起沿米乌斯河占领防御，掩护向罗斯托夫进攻的军队，使其免遭西面德军的突击。

克莱斯特终于坚持不住了。他开始从罗斯托夫地域将两个坦克师调往西北，迎击11月23日日终前进抵图兹洛夫河的第三十七、九集团军所属进攻军队。第三十七集团军右翼在古比雪沃以东15公里处中断，接着，战线便沿图兹洛夫河一直延伸到大克列平斯卡亚。全部3个坦克旅都集中在大克列平斯卡亚及其以北地域。在左面，第九集团军各师沿图兹洛夫河一直展开到卡缅内布罗德。

进攻结果表明，第三十七、九集团军在前六天战斗中已击溃克莱斯特的3个摩托化步兵团，击毁54辆坦克、50多门火炮和约250辆汽车。

从11月25日起，整个南线出现了相对的沉寂。双方都准备再战。切列维琴科将军把第九、三十七集团军调向罗斯托夫，德军则从市内调一部分师来迎击它们，并用新的预备队加强克莱斯特军队最薄弱的左翼。苏军发现，在摩托化第一师后，德军很快又有1个坦克师和2个以上步兵师开到了。

11月26日晚，铁木辛哥率西南方面军一些将军和军官飞到了切列维琴科的指挥所。

铁木辛哥一边和南方面军司令员打招呼，一边大声说："如果我们行动这样迟缓，克莱斯特要从我们这儿溜走的！间歇太长了，战争中的迟缓是要用鲜血来偿付的……您的突击集团当面察明了哪些兵力？"他走近摊在桌子上的地图问。

切列维琴科报告，第九、三十七集团军将主要力量集中于斯托亚诺夫、格涅拉利斯科耶、布琼尼一线后，将于次日早晨8点转入进攻，总方向是恰尔特里；第五十六集团军由科兹洛夫将军指挥的军队集群将由顿河左岸向那里

进攻；第三十七集团军经格涅拉利斯科耶向苏丹萨雷和罗斯托夫以西实施主要突击，第九集团军则经大萨雷向该市北郊实施突击。

11月27日的早晨来到了。新雪在有点干枯的秋草上晶莹洁白，就像盐沼地的白盐一样。苏军于上午9时发起了攻击。天很冷，能见度相当高。在开阔地进攻的散兵线，老远就能看得一清二楚。

德军用猛烈的火炮和迫击炮拼命抵抗，炮弹爆炸的轰响被俯冲轰炸机的呼啸声淹没了。德军把坦克和摩托化步兵投入反冲击，进行着垂死挣扎。

进攻像计划所规定的那样从四面实施。第五十六集团军部队急忙履顿河薄冰进攻罗斯托夫，以便从东面与第九、三十七集团军会合。由杰明中校指挥的内务人民委员部第二三〇团和以一个厂长瓦尔福洛梅耶夫为首的罗斯托夫民兵团最先冲入市内。步兵第三四三、三四七师先遣营也从其他方向进入该市。双方展开了激烈的巷战。黑夜和早晨相继到来，但战斗却没有停止。到进攻第二日天黑前，克莱斯特各师开始仓皇放弃罗斯托夫。苏军转入迅猛追击。

11月29日，苏军收复罗斯托夫。

斯大林闻讯，立即给铁木辛哥和切列维琴科发来贺电：

我祝贺你们战胜了敌人，从法西斯德国侵略者手中解放了罗斯托夫……

南方面军在这次进攻战役中取得巨大胜利，缴获德军154辆坦克、8辆装甲运兵车、244门火炮、93门迫击炮、1455辆汽车，以及各种技术兵器。此役不仅使德坦克第一集团军和"南方"集团军群的其他一些部队遭到重创，而且在罗斯托夫附近牵制了该集团军群的几乎全部兵力，使德军统帅部指望由这些部队加强在莫斯科附近德军的企图落空。

苏西南战区代理参谋长巴格拉米扬后来在《战争是这样开始的》一书中写道：

141

　　我军在罗斯托夫取得胜利的捷报使举国一片欢腾。各加盟共和国劳动者和其他集团军官兵纷纷给胜利者发去了贺电贺信。

　　法西斯德军在罗斯托夫附近的失败，使希特勒如坐针毡。这一失败，除具有巨大军事意义外（法西斯在南部的计划破产），还使希特勒分子受到精神上的沉重打击，它正好发生在他们集中力量最后扑向莫斯科的关头，而忽然间德军在罗斯托夫附近溃败了。这一事件自然远远不能对继续向莫斯科冲击的部队起鼓舞作用。法西斯军事机器的骄傲——克莱斯特坦克第一集团军被打败了。

　　这个集团军曾像毁灭性龙卷风似的席卷过波兰、比利时和法国的大地，后来又疾驰在巴尔干的道路上。它是在一片溢美声中威风凛凛地进入苏维埃乌克兰的。它在弗拉基米尔、沃伦斯基附近开始入侵后，就在乌克兰横行肆虐，所过之处无不留下斑斑血迹和无数灰烬。西南方面军和南方面军曾给它许多创伤，但是这个坦克集团军在逼近罗斯托夫时还是强大可畏的。

　　而现在，自它存在以来第一次遭到了法西斯宣传机构声称已不存在的军队的打击，彻底溃败了。

驱逐侵略者
取得最后胜利

1942年6月，西南方向总指挥部撤销。7月，铁木辛哥出任由西南方面军扩编而成的斯大林格勒方面军司令，参加斯大林格勒保卫战。10月，调任西北方面军司令。次年2月，组织指挥西北方面军以突击之势摧毁德军杰米扬斯克登陆场，使其无法利用北方集团军群加强苏德战场南翼。

从1943年3月起，铁木辛哥多次以最高统帅部代表身份协调诸方面军的作战行动，参与组织和实施许多重大战役。1943年3月至6月协调列宁格勒方面军和沃尔霍夫方面军的作战行动，6月至11月协调北高加索方面军和黑海舰队的作战行动。

1944年，苏军展开了气势恢宏的大反攻。从春天开始，苏军连续发动了6次大规模进攻战役，除库尔兰半岛外，在各个方向都前进到1939年国境线。德军在这一系列打击中遭到严重损失，作战兵力捉襟见肘。

苏军最高统帅部大本营正确地判断了所面临的形势，决定在雅西和基什尼奥夫地区实施一次大规模的战略性进攻战役。雅西—基什尼奥夫战役的意图是粉碎雅西—基什尼奥夫地域的法西斯德军集团，解放摩尔达维亚苏维埃社会主义加盟共和国，迫使罗马尼亚退出与法西斯德国结盟的战争。

此次战役由苏军最高统帅部大本营代表、苏联元帅铁木辛哥协调指挥。为了消灭德军集团，铁木辛哥决定投入由马利诺夫斯基大将和托尔布欣大将指挥的乌克兰第二和第三方面军，以及由奥克佳布里斯基海军上将和戈尔什科夫海军少将指挥的黑海舰队和多瑙河区舰队共同执行这次任务。

此次战役苏德双方兵力兵器对比，苏军具有明显的优势，兵力之比为125

万比90万，1.4倍于敌；火炮之比为16000门比7500门，2.1倍于敌；坦克和自行火炮之比为1870辆比400辆，4.7倍于敌；飞机之比为2200架比810架，2.7倍于敌。

8月19日傍晚，苏军通过在乌克兰第二、第三方面军内的战斗侦察查明，德军防御部署仍保持原态势。8月20日，苏军经过炮火准备后便发起了进攻。

乌克兰第二方面军第二十七集团军在3小时内便突破德军主要防御地带，中午强渡巴赫卢伊河，突破第二防御地带。第六坦克集团军遂进入突破口。下午2时，其所属第五坦克军投入交战1小时后，第五机械化军也投入交战。

第二十七集团军的突然出现使德军震惊不已。苏军坦克兵利用这一有利态势，迅速前出到沿马雷山构筑的德军第三防御地带。

乌克兰第三方面军的进攻也很顺利，天黑前，第三十七、第四十六、第五十七集团军突破了德军主要防御地带，向纵深推进12公里，在某些地域楔入了德军第二防御地带。战役第一天，两个方面军推进10～16公里，德军损失9个师。

8月21日，第二十七集团军粉碎德军的顽强抵抗后，与第六坦克集团军和航空兵协同，进行了夺取马雷山第三防御地带的战斗。第五十二集团军利用当天进入交战的第十八坦克军的战果，击溃了德军，中午解放了雅西市。

这时，苏近卫第七集团军在第二十三坦克军的配合下占领了特古伏鲁

莫斯市。经过两天战斗，乌克兰第二方面军突破德军40公里深的三道防御地带，把突破正面扩大到65公里，形成了迅速追击和合围德军第六集团军的有利态势。乌克兰第三方面军打退德军步兵和坦克的反突击后，经过两天战斗，推进近30公里，把突破正面扩大到95公里。空军第五、第十七集团军出动飞机6350余架次，有力地支援了地面部队的作战行动。

为了尽快全歼德军，8月21日傍晚，铁木辛哥下达命令：各方面军尽快在胡希地域封闭合围圈，歼灭德军集团，以开辟进至罗马尼亚主要经济政治中心的道路。

8月23日日终前，乌克兰第二方面军第六坦克军前出到伯尔拉德地域。第十八坦克军打响了夺取胡希的战斗。当天，乌克兰第三方面军近卫第四军和第七机械化军已前出到普鲁特河渡口，完成了正面向东北的防御。

次日，第五十二集团军和第十八坦克军解放了胡希，并前出到普鲁特河，在那里与乌克兰第三方面军的部队会师。德军25个师有18个师陷入合围。

苏军在合围的对外正面也同时展开了进攻。到8月24日日终前，已推进到距被围德军85~100公里处。这时，乌克兰第三方面军左翼与第四十六集团军与近卫机械化第四军部分兵力和强渡德涅斯特河湾的登陆兵协同，在航空兵和黑海舰队、多瑙河区舰队的舰艇支援下，合围了罗军第三集团军，该集团

追击德军的苏军战士（场景模拟）

军很快投降。

8月26日，摩尔达维亚苏维埃社会主义加盟共和国全境解放。8月27日，福克夏尼筑垒地域已被突破。当日晚，在普鲁特河以东被围的德军集团也停止了抵抗。

与此同时，苏军两个方面军同时向布加勒斯特和伊兹梅尔方向发展进攻。到8月29日，乌克兰第三方面军解放了土耳恰、加拉茨、布斯伊拉、康斯坦察和苏利纳等市。至此，雅西—基什尼奥夫战役宣告结束。到9月3日，被围德军零星集群被彻底肃清。

通过8月20日至9月3日的作战，苏军共歼灭德军22个师，其中含被围的18个师，消灭了第一线罗军的几乎全部师，使德军遭受重创。苏军则向纵深推进320~350公里，进入了罗马尼亚内地，并接近了保加利亚边境。

德军在雅西—基什尼奥夫地区的失败，对罗马尼亚的政局产生了重大影响。罗马尼亚的反法西斯力量在共产党领导下，于8月23日举行了武装起义，推翻了安东尼斯库的法西斯统治，成立了新政府。8月24日，罗马尼亚新政府声明退出法西斯集团，并对德宣战。

为了镇压起义，德军于8月24日晨野蛮地轰炸了罗马尼亚首都，并向布加勒斯特发动了进攻，妄图通过"采取一切手段把罗马尼亚从欧洲版图上抹掉，让罗马尼亚人作为一个民族不复存在"。

8月29日，苏军最高统帅部大本营和铁木辛哥给乌克兰第二、第三方面军下达了彻底歼灭在罗马尼亚的德军的新任务。

8月30日，乌克兰第二方面军占领了罗马尼亚石油工业的中心普洛耶什蒂。8月30日和31日，第六坦克集团军、第五十三集团军以及以图多尔·弗拉季米列斯库命名的罗马尼亚志愿军步兵第二师的部队，开进布加勒斯特。苏军会同在作战上隶属乌克兰第二方面军的罗马尼亚军队，于10月25日完全肃清了罗马尼亚境内的占领者。

9月5日，乌克兰第三方面军已前出到罗马尼亚和保加利亚边境。苏联政府宣布，从当时起，苏联将同保加利亚处于战争状态。在这种极为有利的形

146

势下，保加利亚共产党加紧了武装起义的准备。

9月5日，保加利亚工人党中央政治局和人民解放起义军总司令部制定了武装起义计划。根据保加利亚工人党和祖国阵线的指示，在全国范围内掀起了强大的反法西斯群众运动。索非亚、普罗夫迪夫、瓦尔纳市等城市的工人纷纷上街游行。9月7日，普列文的劳动群众攻占了监狱，释放了大批政治犯。9月8日，全国举行大罢工。

在这种形势下，苏军在几乎没有保加利亚军队抵抗的情况下开进了保加利亚领土，成为促进该国人民革命的强大因素。9月9日夜，在保加利亚共产党领导下，索非亚市爆发了人民武装起义，法西斯集团被推翻，全国政权转入祖国阵线手中。保加利亚与德国断绝关系，对德宣战。9月16日，乌克兰第三方面军在市民的热烈欢迎下开进保加利亚首都。次日，经改编后的保加利亚军队在作战上隶属乌克兰第三方面军，同法西斯军队一直打到战争结束。

通过此次战役，苏军乌克兰第二、第三方面军在黑海舰队和多瑙河区舰队协同下，粉碎了德军南乌克兰集团军群主力，击溃罗军几乎全部在战场上的作战部队，导致了苏德战场南面德军防御的崩溃，改变了巴尔干地区整个的军事政治形势，使摩尔达维亚苏维埃社会主义加盟共和国和伊兹梅尔地区获得解放，罗马尼亚和保加利亚退出与法西斯德国结盟的战争，并对德宣战。

罗马尼亚和保加利亚的解放，更加巩固了苏联武装力量的战略态势。苏军不仅从东面，而且也从南面逼近了德国边境。

战后，铁木辛哥历任巴拉诺维奇军区司令、南乌拉尔军区司令、白俄罗斯军区司令、国防部总监组总监、苏联老战士委员会主席等职。1970年3月31日，铁木辛哥在莫斯科逝世，享年75岁。

铁木辛哥的一生曾获得2次"苏联英雄"称号和5次列宁勋章、5次红旗勋章、3次苏沃洛夫勋章，以及胜利勋章、十月革命勋章各1枚。

将星纵横

第二次世界大战著名将领

梅列茨科夫

基里尔·阿法纳西耶维奇·梅列茨科夫，苏联军事领导人，元帅。1918年加入红军，1936年作为苏方军事顾问参加西班牙内战，1939年的苏芬冬季战争中，他率军突破芬兰的曼纳海姆防线，获得苏联英雄称号。苏德战争爆发后，曾指挥柳班战役，1945年在佩特萨莫—希尔克内斯攻势中歼灭位于北极圈中的德军，被授予苏联元帅军衔。

青年从军
成长为高级将领

　　基里尔·阿法纳西耶维奇·梅列茨科夫1897年6月7日生于俄国梁赞省扎赖斯克县纳扎利耶沃村的一个贫农家庭。7岁帮父亲耕田耙地，9岁就跟大人一样干地里所有的农活，15岁时来到莫斯科当钳工，1918年加入红军。

　　1918年6月，白军袭击弗拉基米尔省的穆罗姆城苏维埃，占领了该市，梅列茨科夫率领赤卫队参与了收复该市的战斗。8月底红军发动喀山战役，以夺回被捷克斯洛伐克军团和立宪委员会人民军所占据的喀山，梅列茨科夫被选入弗拉基米尔支队，担任政委，开始了他的军旅生涯。9月，省级机关命令他去总参谋部军事学院学习。

　　梅列茨科夫的生活经历使他没能受到系统的中等教育。然而，多少年来他一直渴望有机会能够补上这一课。所以，他非常珍惜这次的学习机会，在学院如饥似渴地学习，不断地充实自己，提高自己。

　　1919年5月，梅列茨科夫被派到顿河地区的第九集团军第十四师任参谋长助理。最初任务是在司令部里收集情报，标注作战地图。他认为在通信不畅的情况下，这种方式难以反映实际情况，要求自己到各部队收集情报，得到了司令斯捷平尼的批准和信任。

　　6月份，由于友邻部队撤退，第十四师为避免被邓尼金的军队和哥萨克骑兵合围也被迫撤退。撤退后，梅列茨科夫和所有在战斗中幸存的一年级学员一起又调回军事学院去读二年级。

　　1920年夏天，梅列茨科夫再次中断学习，被派往西南方面军司令部所在地哈尔科夫，见到了司令员亚历山大·叶戈罗夫，并和军事委员会委员约瑟

夫·斯大林进行了长时间的谈话，随后被分配到谢苗·布琼尼指挥的骑兵集团军下属第四师任参谋长侦察助理。不久，又被派往谢苗·康斯坦丁诺维奇·铁木辛哥率领的第六师任参谋长助理，除了负责侦察也参与作战工作。

1920年8月，他参加了苏波战争，半个月后，因战斗任务转交给了西方面军又回到军事学院进修三年级课程。梅列茨科夫在回忆录中认为这段在骑兵集团军的生活对他影响颇大，"1917

梅列茨科夫元帅

年夏季到1920年夏季可以作为我成为军事首长的第一个阶段"。

梅列茨科夫在总参军事学院所学的课程内容丰富，包括哲学、政治经济学、历史和军事科学等诸多课程，还常有军事首长来学院做讲座。1921年10月份他通过了学院的毕业考试，在论述"战略和战术中思想和意志的统一"的题目上得到优秀。

毕业后，梅列茨科夫被推荐到驻彼得格勒的独立训练旅任旅长，但西部战线司令图哈切夫斯基向谢尔盖·加米涅夫要求，把骑兵出身的他调往西部军区，组建白俄罗斯骑兵军司令部，随后他用了9个月时间整顿了情况十分糟糕的托木斯克骑兵师。

1923年年底，梅列茨科夫被派往高加索军区任顿河步兵第九师参谋长。他积极顺应当时目标为正规化、制度化的军事改革的要求，在补充兵员、训

练新兵和加强装备方面作了很多工作。

1924年7月，他被任命为莫斯科军区动员部部长。上任后，他和组织部长戈尔巴托夫一起提出减少办事人员，增加效率的方案，得到了革命军事委员会主席米哈伊尔·伏龙芝和军区司令伏罗希洛夫的支持。

9月，他兼任军区副参谋长，在伏龙芝和伏罗希洛夫领导下参与了地方民兵制度和后勤制度正规化的改革，并试验了局部动员的效果。在此期间他还常受军事学院的委托，为学员介绍地方工作的经验，与院长帕维尔·帕夫洛维奇·列别杰夫就正规军与地方军事力量配合进行过讨论。

1925年秋，伏罗希洛夫接任去世的伏龙芝任革命军事委员会主席，巴济列维奇代理莫斯科军区司令。之后的三年，梅列茨科夫与他配合成功地完成了军区的军事改革工作，巴济列维奇的言传身教给了他很大帮助。

1928年11月，莫斯科军区新任司令员伊耶罗尼姆·彼得洛维奇·乌博列维奇到任，他担任过多个军区的司令员，并曾于1927年至1928年在德军总参高等军事学院学习。乌博列维奇强调阶级教育、训练和新式装备的重要性，组织了多次实兵演习。

乌博列维奇对演习的讲评、在提高平时训练和对坦克兵的指挥水平、建立坦克兵训练基地和需要加强空中防御的意见深深影响了梅列茨科夫。梅列茨科夫认为乌博列维奇影响了自己的一生，他在回忆录中写道：“在这以前还没有一位军事首长能像他那样使我获得那么多的教益。”

1930年，梅列茨科夫被任命为步兵第十四师师长兼政治委员，不久根据苏联和魏玛共和国签订的《苏德友好中立条约》，他被编入红军指挥官小组前往德国参谋部进行考察交流。他对德国参谋部里工作的熟练度和良好的组织印象深刻，但是也认为这样作过于墨守成规，会限制参谋人员的能动性。

回国后，梅列茨科夫被调往和德国接界的白俄罗斯军区任参谋长，重新在乌博列维奇指挥下工作。梅列茨科夫除了强调训练强度以外，还发现白俄罗斯军区交通状况不佳，一旦遇到突发事件，不同地域上的部队将无法联系，于是在修筑军队调动所用的道路和改善整个交通线路上进行了大量工

作，但因财政拨款不足只完成了一部分。

1934年，梅列茨科夫在白俄罗斯军区组织了一次大规模的联合演习，次年梅列茨科夫和作战部部长马特维·扎哈罗夫、罗季翁·雅科夫列维奇·马利诺夫斯基合作编写的纵深战斗细则开始在部队中使用。

1936年10月初，西班牙佛朗哥的军队开始围攻马德里，苏联派出以别尔津为首的军事顾问团，梅列茨科夫和马利诺夫斯基、坦克兵专家德米特里·巴甫洛夫、炮兵专家尼古拉·沃罗诺夫都作为军事顾问被派往西班牙。

梅列茨科夫来到西班牙后，首先勘察了马德里城的地形，然后又到步兵部队鼓励因撤退而情绪低落的士兵，协助一步步把组织纪律性不强的西班牙共和国军队改组成正规军。他还劝说西班牙首相弗朗西斯科·卡巴列罗离开马德里，前往巴伦西亚组织抵抗。

1936年11月，佛朗哥军队开始从正面进攻马德里，梅列茨科夫一方面协助组织防御，一方面负责在阿尔瓦赛特组建国际纵队。随着国际纵队和苏联坦克群的投入战场，佛朗哥军队的进攻被击退。

1937年，佛朗哥决定以意大利远征军为主力，从马德里的东南面沿哈马拉河进攻，希望切断马德里和海港城市的联系。此时马德里防御委员会主席的军事顾问格里戈里·伊万诺维奇·库利克被调回国，梅列茨科夫接替他的职务，具体组织马德里的防御。

1937年2月，梅列茨科夫指挥了哈马拉河战役。此次战役，梅列茨科夫通过有效防御消耗了叛军力量，然后通过反击击退了叛军的进攻。3月，他又指挥了瓜达拉哈拉战役，歼灭叛军6000余人，取得了对意大利远征军的决定性胜利。回国后，梅列茨科夫获得1枚红旗勋章和1枚列宁勋章。

1940年夏季，梅列茨科夫被任命为副国防人民委员。国防人民委员是苏联元帅铁木辛哥。

当时，国际形势日益恶化。法西斯德国扩大了侵略，比利时和荷兰遭到了占领者铁蹄的践踏，法国北部也被德军占领。

为了抵御可能来自德国的进攻，苏联国防人民委员部决定在白俄罗斯军

区举行军事演习。演习过程中炮兵和坦克进行了实弹射击，而步兵则实施进攻和防守训练。各步兵兵团的训练被认为是令人满意的，炮兵的训练水平及其同步兵的协同能力以及空军的训练水平都达到了标准。

1941年春季，梅列茨科夫参加了波波夫上将为司令员的列宁格勒军区的数次演习。演习中指挥人员能正确地完成所接受的任务，部队训练有素，攻防有序，他感觉十分满意。在此之后，梅列茨科夫又去基辅特别军区检查了训练情况。

5月底，军区司令部作战部部长巴格拉米扬上校向梅列茨科夫报告了令人

苏德战场上的战士（场景模拟）

不安的情况：无数德军集中到了苏联边境线的附近。巴格拉米扬还报告了不断增多的德军集结的具体数字。

在向莫斯科报告之前，梅列茨科夫决定再将整个情况核查一遍。他去了利沃夫，到了军区的各个集团军。各集团军司令员都提到了同样的情况。梅列茨科夫还亲自在前沿的边境哨所里观察了很长时间，亲眼看到了德国军官们异常活跃的情况。

梅列茨科夫又去了基辅和敖德萨，在敖德萨遇见了军区参谋长扎哈罗夫少将。梅列茨科夫听取了他的详细汇报，从中了解到，这边国境线上也呈现出一幅令人不安的景象。此后，梅列茨科夫同他一起去了罗马尼亚警戒线。梅列茨科夫在观察时发现，对方也有一群军人在观察他们。后来得知，这群军人就是德国军官。

梅列茨科夫此时真切地感觉到，战争已经迫在眉睫。他火速赶往莫斯科，然后同铁木辛哥一起来到斯大林那里，讲述了他看见的一切以及他的担忧。斯大林和铁木辛哥都非常注意这个汇报。听完汇报后又命令梅列茨科夫去检查一下空军的备战状况。梅列茨科夫接受任务后，立即飞往西部特别军区。

战争爆发
重建防御阵地

1941年6月22日，纳粹德国撕毁《苏德互不侵犯条约》，兵分三路以闪电战的方式突袭苏联。7月3日，斯大林向苏联人民发表广播演说，号召全体苏联人民团结起来，全力以赴同希特勒法西斯做殊死的斗争。

战争爆发的最初几个月里，梅列茨科夫以最高统帅部大本营代表的身份，先后帮助西北方面军和卡累利阿方面军司令部工作。

1941年9月，梅列茨科夫被叫到最高统帅的办公室，斯大林正站在地图旁边。他听到脚步声，随即转过身来，迎着梅列茨科夫走了几步，说："您好，梅列茨科夫同志！身体好吗？"

"您好，斯大林同志！我身体很好。请下达战斗任务吧！"

看着梅列茨科夫急切的眼神，斯大林走到地图跟前，详细地向他介绍了西北方面军的态势，然后要他继续以最高统帅部大本营代表的身份立即前往西北方面军协调工作。

梅列茨科夫接受任务后，当天就飞往西北方面军驻地。同行的有西方面军军事委员会委员布尔加宁和总政治部主任梅赫利斯。

这个方面军是在战争开始时组建的。当时，它编有第八、十一和二十七等3个集团军。第八集团军配置在梅梅尔至涅曼河地区，奉命抗击德军第十八集团的突击。

第十一集团军防守涅曼至拉脱维亚共和国南部边境地带，战争开始就与德军第十六集团军及德军"中央"集团军左翼的第九集团军和第三装甲集群遭遇。德军第四装甲集群企图从苏军第八和第十一集团军之间突入，沃尔

霍夫方面军阵地遭德军航空兵突击，受到严重破坏。在德军优势兵力的压迫下，苏军各兵团且战且退。

8月初，遭到分割的第八集团军转向南，进入爱沙尼亚组织防御。第十一集团军由普斯科夫退往伊尔门。这两个集团军之间隔着楚德湖。西北方面军编成内的第二十七集团军，在第十一集团军以南组织防御。

继而，第八集团军经爱沙尼亚退守列宁格勒，即划归北方面军指挥。后来，第八、二十三和四十八集团军都编入8月27日成立的列宁格勒方面军。在卡累利阿和极区活动的北方面军的第七和第十四集团军，合并组成卡累利阿方面军，直属大本营。

8月底，为了封闭掩护卢加的皮亚德舍夫中将的战役集群与舍隆河之间的缺口，德军派来了第五十六摩托化军和第十六集团军的其余兵团，在西北方面军防区内重新发起进攻。

德军在洛瓦特河突破防御后，向前推进了100公里，到达谢利格尔湖附近。在波洛麦季河以东，德军建立了杰缅斯克登陆场。后来，争夺这个登陆场的激烈战斗，一直持续到1943年年底。

这就是1941年9月初，梅列茨科夫所碰到的局面。

9月9日，梅列茨科夫一行到达西北方面军。在机场上迎接他们的是西北方面军司令员库罗奇金中将和军事委员会委员什特科夫。

什特科夫是梅列茨科夫在对芬战争时的战友，他是一位机智、英勇、果敢的将军。军事委员会的另一名委员是军级政委博加特金，参谋长是梅列茨科夫的老同事瓦杜丁。他们详尽地报告了前线的情况。

苏军第二十七集团军与德军之间隔着谢利格尔湖以北的水网地带。德军在此处难以进攻，因此方面军首长已把这个方向上的部队抽调至列宁格勒附近。右翼的第十一集团军在帕尔芬诺、波拉、累奇科沃以北据守阵地。其当面德军正困在沼泽地中，没有足够的力量发起进攻。

第十一集团军的左翼和第三十四集团军的防御地段，负责掩护通往克列斯特齐、瓦尔代和博洛戈那的道路，所防守的阵地穿过瓦尔代高原下比较

干燥的地方，而这正是德军最有可能突击的地域。换句话说，如果要发起进攻，这里是最容易被德军选中的地段。

从初步了解到的各个集团军的情况看，它们都遭到严重损失，兵力消耗相当大，技术兵器、武器、弹药、装备等也严重不足，只能坚守防御。因而，必须稳定防线，加固阵地，阻止德军进至上沃洛切克。梅列茨科夫知道，德军从该处极有可能迂回苏军在沃尔霍夫河防守的兵团，向雷宾斯克方向进攻，切断西北方面军与西方面军的联系。

为了防止这种情况出现，梅列茨科夫会同方面军首长拟定了一系列措施。同时，他知道，莫斯科以西正在进行激烈的战斗，最高统帅部大本营不可能抽出兵力给他们增援。

梅列茨科夫把电话打到第十一集团军司令部，找到莫罗佐夫中将了解那里的情况。莫罗佐夫回答问题时语调平静，充满信心。这表明，第十一集团军并没有遭受大的损失。该集团军的司令部当时设在累奇科沃村以西，尽管村里有德国人，但他们的通信仍然畅通。

梅列茨科夫又给诺夫哥罗德战役集群司令员科罗夫尼科夫少将打电话。得知那里的德国人也未采取大的攻击行动，情况也比较稳定。梅列茨科夫放下电话，稍稍放了心，因为方面军的整个右翼牢牢地掌握在苏军手里。

梅列茨科夫决定亲自前往第二十七集团军了解情况。当他们一行乘车来到尼科利斯基国营农场附近的方面军指挥所旁时，遇到了第三十四集团军参谋长奥泽罗夫上校。原来，该集团军司令员卡恰诺夫得知梅列茨科夫到达前线后，派他前来报告情况。但奥泽罗夫报告说，他出发后就和第三十四集团军司令部及所属大多数部队失去了联系。

梅列茨科夫立即要求随行人员调查第三十四集团军的行踪。但汇总的消息令他心情非常沉重，因为卡恰诺夫和奥泽罗夫都已有3天没有和所属部队进行直接联系了。也就是说，第三十四集团军可能已经陷入了德军的重围。

梅列茨科夫立即派一名司令部军官乘飞机经德军战斗队形上空飞往被围部队，以帮助第三十四集团军突围。这名军官在森林中发现了三十四集团军

的3名指挥员，立即与他们一起，领导被围部队分成3个纵队开始突围。

经过激烈的战斗，3个纵队的摩托化步兵第一六三师、步兵第二五七师和二五九师、第二〇七军炮兵团及其火炮与物资器材，以及由集团军司令部作战处长尤金采夫上校率领的其他数个兵团的部分人员突出了重围。

9月11日，在距扎博罗维那村不远的地方，梅列茨科夫与第三十四集团军司令部的第二梯队建立了联系。这里有集团军炮兵主任贡恰罗夫炮兵少将、集团军司令员卡恰诺夫。他们两人对所属部队的情况一无所知，而且显得惊慌失措。

第二天，最高统帅部大本营就把集团军的领导撤换了。代理集团军司令员为阿尔费里耶夫少将，参谋长为罗曼诺夫少将，炮兵主任为契斯佳科夫炮

苏德战场场景（情景模拟）

兵少将。9月14日，集团军补充了新的力量。

第二十七集团军司令部配置在菲利波瓦戈腊村，梅列茨科夫从集团军司令员别尔扎林少将和集团军参谋长雅尔摩什凯维奇上校的报告中得知，该集团军司令部与所属各师的通信联络状况已经好转，也恢复了对所属部队的领导，而且还对敌实施了重大的突击。根据梅列茨科夫的请求，由大本营预备队派至西北方面军的坦克分队，有力地支援了这次突击。这些分队的行动直接由装甲兵司令员费多连科将军领导。

当时，梅列茨科夫建议别尔扎林采取三项措施：一是把现有的飞机和汽车集中起来，以便与所属各兵团建立可靠的联系；二是竭尽全力建立起哪怕是一支不大的预备队，以堵塞敌人的突破口；三是立即着手在防御纵深构筑阵地。

9月12日，第十一和第二十七集团军各补充了两个师，并对德军实施了多次反突击。这样，苏军在西北战线上的态势逐渐开始稳定下来。各方面军首长又采取了必要的措施，重建防御阵地，以阻止德军的进攻。

9月17日早晨，梅列茨科夫被召回莫斯科，不久被派往列宁格勒附近担任新职务。

临危受命
抗击来犯之敌

梅列茨科夫回到大本营，详细地向斯大林汇报了西北方面军的态势以及自己最近时期的一些构想。斯大林说："态势稳定下来，这很好。我们想交给你一项新的重要任务。"

根据斯大林的指示，梅列茨科夫立即前往拉多加—奥涅加地峡的卡累利阿方面军第七集团军。该集团军经过战斗已向南退往斯维里。梅列茨科夫的任务是，帮助它组织防御，竭尽全力阻止德国人的盟友芬兰人冲向沃尔霍夫与德军会合。指挥第七集团军的是戈列连科中将。

派梅列茨科夫前往该集团军时，斯大林说："去看看戈列连科那里的情况。你了解这个集团军和它的指挥员们，他们也了解你，去给他们出些主意。如果光出主意不行的话，我准许你自己指挥。我命令用一切办法挡住芬兰人！"

梅列茨科夫到达设在彼得罗扎沃茨克的集团军司令部后，首先全面了解情况。原来，战争爆发前，第七集团军驻守在新国境线附近，即索尔塔瓦拉至吉莫累湖沿线。

7月10日，包括芬兰兵团在内的所谓"卡累利阿集团军"是在沿奥洛涅茨和彼得罗扎沃茨克两个主要方向进攻苏联领土的。

这里归戈列连科指挥的有3个步兵师，而卡累利阿集团军却几乎比他们多3倍。当第七集团军开始缓缓向东南撤退时，西北方向总司令伏罗希洛夫曾派驻守在卡累利阿地峡上该集团军西侧的第二十三集团军的一些部队前往增援。第七集团军对芬军实施了数次反突击，经过20天的战斗，挡住了芬兰人

的进攻。

第七集团军新阵地的右翼，这时位于曼谢利克高地最南端的波罗索泽罗附近。集团军的中央面对夏莫泽罗湖，这是拉多加—奥涅加地峡上最大的一个盆地。左翼沿图洛格斯河延伸至拉多加。因此，集团军几乎是严格沿着经线由南北方向配置的。

从战略观点看，集团军的这种态势不能说很好。因为，芬兰人已经使其右翼逼近斯维里河了，距河边总共还有60公里。当然，德国人距沃尔霍夫还很远，谁也不会认为，列宁格勒很快就会陷入包围中。但是再过两个月，若希特勒的"北方"集团军群开始执行具体作战计划时，这种态势可能就会发生改变。

8月10日，芬军重新在这里发起了进攻，一直持续到9月。他们逐次增加兵力，一公里一公里地与第七集团军展开争夺。德军开始对列宁格勒进攻

🔻 **苏军在战场上（场景模拟）**

后，芬军也加强了攻击力量，将第七集团军部队分割成三部分。

经过战斗，第七集团军战线的中央深深向东突出。该处的兵团分成两个部分：掩护斯维里河口的南集群和彼得罗扎沃茨克集群。第三部分是在芬军向康多波加突破时，被其分割而与主力失去联系的部队。随后，他们即撤往东南，并以"麦德韦日耶戈尔斯克集群"的番号留在该处。

由于沿奥涅加湖有120公里长，距离遥远，与韦德韦日耶戈尔斯克集群的通信联络比较困难，当时，苏军的无线电台很少，与其他两个集群之间的通信联络时断时续，因此芬兰人已进入舍洛托泽罗地域的奥涅加湖沿岸。不久，彼得罗扎沃茨克集群即撤离，并向南变更了部署。当时的情况表明，应当沿斯维里河组织坚固防御，要立即采取行动。

9月24日，梅列茨科夫果断地接过了第七集团军的指挥权。戈列连科请求留下来当梅列茨科夫的副手。梅列茨科夫同意了。

梅列茨科夫立即着手完成主要任务——组织部队有计划地撤退。左翼部队由奥洛涅茨撤至斯维里斯特罗伊、洛杰伊诺耶波利、斯维里察一线。这一翼的拉多加湖方向，由霍罗什欣海军少将的拉多加湖区舰队加以保障。集团军右翼的处境比较困难。左翼后撤的距离并不远，而右翼就很远了。新的防线定为由奥什塔至波德波罗日耶。

这就意味着，苏军右翼必须后撤150公里。在组织部队后撤的同时，梅列茨科夫努力在斯维里河建立一条防线，使之成为芬兰卡累利阿集团军不可逾越的屏障。

芬军统帅曼纳海姆为了使自己的计划与德军协调一致，给自己的军队规定的任务是，对第七集团军实施两次强大的突击。其中的一次突击，他打算指向西南，突破斯维里河防线，在沃尔霍夫附近与德军会合。另一次突击则是指向东南，经别洛那湖地区，前出至沃洛格达。

为了实现这个目的，芬军一开始在第七集团军当面集中了4个师和3个旅，后来又从卡累利阿地峡调来1个德国步兵师、4个芬兰师和2个骑兵旅，计有9个师和5个旅。而梅列茨科夫当时则只有4个步兵师、1个民兵师和由4个团

编成的两个支队。芬军在飞机方面也比苏军占优势。

梅列茨科夫和大本营约定，撤到奥涅加湖以北的军队集群将不再运到南岸，而在克尼亚泽夫少将的指挥下转隶给卡累利阿方面军。当时担任卡累利阿方面军司令员的是弗罗洛夫中将。

处在两个湖泊之间的第七集团军，断绝了与卡累利阿方面军和列宁格勒方面军的联系，只能根据大本营的指示，独立完成作战任务。第七集团军更名为独立第七集团军，直属最高统帅。斯大林赞同梅列茨科夫的想法，即在斯维里河上挡住芬军。

事实上，梅列茨科夫变更部署和撤退并不是一件简单的事。9月25日，芬军夺占了距彼得罗扎沃茨克不远的波洛文纳村，"奥洛涅茨"军队集群进驻于洛杰伊诺那波列附近，步兵第七师和两个旅的猎骑兵"L"集群，经拉德瓦韦特卡沿铁路从南面向彼得罗扎沃茨克进攻。

9月底，芬军的钳形攻势在彼得罗扎沃茨克附近合拢了。10月2日，彼得罗扎沃茨克城落入其手。这时，芬军开始强渡斯维里河。由于苏军右翼防线尚未构筑完毕，苏军遂得以强渡成功，并在布拉耶夫斯基至彼德波罗日那地域夺占了登陆场。

随后，双方开始了持续3周的浴血战斗。这个阶段，芬军总共只前进了8至15公里。此后，双方在这里的战线终于稳定下来，一直到1944年夏季，由梅列茨科夫指挥的卡累利阿方面军，才把芬兰人赶出苏联国境线。

在奥涅加环湖运河防御战斗中，奥涅加区舰队给了梅列茨科夫的部队很大的支援。它在靠近沃兹涅谢尼耶村的斯维里河河源附近活动，他们用自己的舰炮火力狠狠打击了企图从南面绕过奥涅加湖的敌人。

在苏军第二七二师撤离彼得罗扎沃茨克后，奥涅加区舰队还将该师由绥萨尔后送到安全地带。这个舰队不仅保障了列宁格勒方面军第二十三集团军和独立第七集团军的翼侧，而且给列宁格勒保卫者供应了一切必需品。因为当时德军已经将列宁格勒团团围住，除了水路，苏军已经不能从陆上进入列宁格勒了。

　　苏军第七集团军在拉多加—奥涅加地峡上进行了3个月的艰苦卓绝的战斗，遭受了重大损失。但芬军伤亡更惨重，而且芬军没有达到预定的目标，被迫放弃了自己的计划，并转入长达两年半的防御。

　　关于9月底的情况，一名德国将军蒂佩尔基希是这样描述的：

　　　　德军统帅部坚决请求芬兰人，在斯维里河地域对俄军施加尽可能强大的压力，以改善在拉多加湖以南地域进行激烈战斗的那个军的态势。但是芬兰集团军由于其北翼在彼得罗扎沃茨克遭到敌人的猛烈攻击，无力做到这一点。

争夺柳班

血战每一寸国土

1941年12月10日，梅列茨科夫和第四集团军参谋长斯捷利马赫突然被召到大本营。在场的有斯大林、总参谋长沙波什尼科夫、列宁格勒方面军的首长、第二十六集团军司令员索科洛夫中将、第五十九集团军司令员加拉宁少将等。大家都站在一张桌子旁，桌上放着西北方向情况图。

沙波什尼科夫首先讲话，他说："为了联合在沃尔霍夫河以东作战的各集团军，最高统帅部大本营决定成立沃尔霍夫方面军。该方面军的主要任务是，先协助粉碎敌人向列宁格勒的进攻，尔后和列宁格勒方面军共同粉碎在该地区作战的德军集团，并解除列宁格勒的封锁。任命梅列茨科夫为该方面军司令员，斯捷利马赫将军为参谋长，军事委员为一级集团军级政委扎波罗热茨。"

沙波什尼科夫还宣布了方面军的编成，指定了作战分界线。方面军编有第四、第五十二、第五十九集团军和第二突击集团军。第四和第五十二集团军奉命追击退却之敌。第五十九集团军和第二突击集团军暂留在组建地域。方面军右翼经过基里希以北，左翼依托伊尔门湖。梅列茨科夫的右面为列宁格勒方面军的第五十四集团军，左面为西北方面军的第十一集团军。

梅列茨科夫在大本营听取了指示，又在总参谋部讨论了一些必要的问题之后离开了莫斯科。新成立的沃尔霍夫方面军参谋人员和将军们已来到方面军司令部等候梅列茨科夫的到来。

12月17日晚，梅列茨科夫尚在紧锣密鼓地安排各军种的攻防工作，突然收到了大本营的作战命令，根据这项命令，方面军应在中部即向格鲁津诺、

166

锡韦尔斯卡亚和沃洛索沃实施主要突击，从南面深远地迂回列宁格勒。大本营命令第五十九集团军和第二突击集团军来完成这项任务。右翼第四集团军预定向基里希和托斯诺总方向进攻，与列宁格勒方面军所属第五十四集团军协同动作，围歼在姆加以北向拉多加湖前进的德军。左翼第五十二集团军攻占诺夫哥罗德，尔后向索利齐进攻，保证沃尔霍夫方面军向西北推进。

12月20日，根据大本营的指示，列宁格勒方面军的部队首先对德军实施了突击，但进展不大，接着转入了防御。随后，该方面军的第五十四集团军开始了进攻。

接着，梅列茨科夫的第四集团军的先头部队，稍后还有第五十二集团军的先头部队也开始了攻击，并抵近沃尔霍夫河。在后来的几天中，它们在格鲁济诺以北和季戈达河河口地区夺取了3个不大的登陆场。但由于面积小和地形开阔，不能作为集中兵力和进一步发展进攻的地点。苏军想以冲击来扩大这些登陆场，但未达到目的。而德军在沃尔霍夫河东岸的基里希和格鲁济诺附近却控制了两个相当大的战术登陆场。

在这种情况下，梅列茨科夫本想令第四和第五十二集团军停止进攻，补充人员和武器，待休整几天，第五十九集团军和第二突击集团军到达后，再次攻击。

然而，由于列宁格勒的情况万分严重，大本营认为，沃尔霍夫方面军应不停顿地发展进攻，尽快地渡过沃尔霍夫河，以尽早突破列宁格勒的封锁。大本营还于12月底向沃尔霍夫方面军派出了自己的代表麦赫利斯，来催促梅列茨科夫的行动。

12月快过去了，第五十九集团军和第二突击集团军却没有到达。按照总参谋部的计划，这两个集团军的第一梯队应于12月25日前到达，然后全集团军发起总攻。而到了1942年1月初，集团军的预备队只到了一个师。这期间，第四和第五十二集团军的攻势越来越弱。

梅列茨科夫当时既为即将发起的进攻高兴，也为进攻没有把握而担忧，因为没有准备就绪的进攻会造成严重的后果。根据梅列茨科夫的请求，方面

军全部兵力转入进攻的时间推迟到1942年1月7日。

然而，到规定的期限方面军仍没有做好进攻的准备，原因还是军队没按时集中起来。第五十九集团军到规定的时限只展开了5个师，还有3个师在开进途中。第二突击集团军只有一半多一点的兵团占领了出发位置，其余的兵团、集团军炮兵、运输车辆和某些部队还沿着唯一的铁路跟进。航空兵也没有到达。

另外，已到达的军队的保障工作也很不充分：炮兵没有光学仪器和通信器材，有些甚至没有火炮前车。运载技术装备的列车也没有下落，据说它们开到各集团军的原来配置地去了。

梅列茨科夫只好向大本营拍发了电报，请求分析当前情况，采取必要的措施。梅列茨科夫的请求没有白费，红军炮兵主任沃罗诺夫来到了方面军。梅列茨科夫向他介绍了情况。

沃罗诺夫说："好吧，现在，炮兵部队指挥员们可在布多戈希车站得到通信器材和炮兵仪器。至于前车，估计马上就会运到。"

沃罗诺夫在方面军呆了几天。他了解了作战条件，特别是炮兵在森林和沼泽地的使用问题，给方面军炮兵解决了部分弹药。不过，即使在他的参与下，梅列茨科夫也没得到方面军所需要的一切，他们一直没有足够的炮弹。

还有一个重要的原因影响梅列茨科夫按时发动进攻，这就是直到1942年1月初，方面军实际上没有自己的后勤。在方面军建立这么短的时间内，梅列茨科夫实际上无法在必要的地域组成后勤部队和机关，来不及组织前进路线和积聚物资器材。

战役准备不好也就决定了它的结局不会好。方面军于1月7日转入进攻，遇到了德军迫击炮和机枪火力的猛烈射击，梅列茨科夫的部队被迫退回到出发位置。这时别的缺点也暴露出来了。战斗实践表明，军队和司令部的训练不能令人满意。指挥员和司令部不会指挥部队，也不会组织部队间的协同动作。

为了克服这些缺点，方面军军事委员会请求把战役再推迟几天。然而，

当梅列茨科夫的部队勉强集中时，德军却加强了防御。德国侦察机关不仅发现了沃尔霍夫方面苏军正在准备进攻，而且还相当准确地判明了苏军进攻的主要路线。

希特勒统帅部获得了上述情报后，采取了相应的措施。梅列茨科夫从俘虏的口供中得知，德军统帅部变更了军队部署，用新锐兵团替换下了在提赫文附近的战斗中伤亡惨重的兵团。第三十九摩托化军的坦克师和摩托化师到达附近的柳班地区后，还补充了人员和技术装备，建立了具有一定纵深的防御。

当梅列茨科夫把收集来的情报做了对比以后发现，德军已构筑好阵地，设有抵抗枢纽和支撑点配系，有大量的土木质发射点和机枪座，并正在等待苏军进攻。德军防御的前沿基本上在沃尔霍夫河西岸，它的正面有密集的斜

苏军在战场上（场景模拟）

射和侧射火力。沿基里希一诺夫哥罗德铁路的土堤上，还构筑了第二防御地区。它是由筑有工事的居民地组成的防线，各居民地之间有火力联系。在沃尔霍夫河和铁路线之间，也设置了密集的铁丝网和地雷场。防御纵深主要是由居民地组成的枢纽。德军的防御还可得到强大的炮兵和航空兵的支援。

另外，在沃尔霍夫方面军的正面，总共有德军13个师。这些师差不多都是满员师，训练有素，并有充足的武器弹药。

沃尔霍夫方面军在进攻前的情况是：方面军的右翼是第四集团军，它的突击集团配置在左侧。该集团军除2个师外，其余所有兵团都在以前的战斗中大为削弱，每师仅有3500至4000人。此外，火炮、迫击炮和自动武器残缺不全。该集团军由于各部队和兵团缺员和武器不足，因此并不占有对德军的优势。第四集团军的左面是第五十九集团军，它的突击集团正对着格鲁济诺附近的德军登陆场。该集团军大约有一半兵团在过去的战斗中被大大削弱。不过从人数上看，该集团军还算是最强大的。

第二突击集团军绝大多数是旅的编制。它由1个步兵师和7个步兵旅组成，沿沃尔霍夫河东岸展开，兵力仅相当于1个步兵军。该集团军没有实战经验。最后，从第二突击集团军左翼到伊尔门湖之间，配置有第五十二集团军，它的突击集团在其右翼。第五十二集团军的各个师缺编更多，而且火炮、迫击炮和自动武器也不足。

苏军的预备队是2个兵员不足的骑兵师和4个独立滑雪营，他们没有第二梯队，没有兵力去加强首次突击，以便向德军纵深发展胜利，也没有兵力去实施末次突击。梅列茨科夫把一切希望都寄托在大本营答应给他的那个合成集团军，它是从大本营预备队中抽调的。这个集团军估计到沃尔霍夫方面军向沃尔霍夫河对岸强渡时才能到达。

梅列茨科夫把主力放在莫斯科至列宁格勒公路和铁路方向上。这一方向的优点是道路良好，并且直接指向列宁格勒。但同时梅列茨科夫也了解到，德军在这里修筑了永备火力点，并且配置了大部分炮兵，而且这一方向上的工事也比别的方向牢固。沃尔霍夫河及其附近宽大和开阔的洼地虽已结冰，

但没有对德军火力压制的条件下是难以通过的，而苏军的炮兵和航空兵的力量明显不足。

梅列茨科夫考虑到在该方向进攻难以取胜，因此想把主力转移到第二突击集团军的行动地段，以便迂回德军坚固的筑垒阵地，向柳班实施突击。但是，他打算从第五十九集团军中抽调2个步兵旅加强第二突击集团军的想法没有得到大本营的批准。

直到进攻过程中，当发现不能在预定方向上突破德军的防御时，大本营才同意把主力转移到第二突击集团军的行动地域，然而却未能收到应有的效果。由于首次突击丧失了时机，已很难造成对德军的决定性优势。还应指出的是，苏军的所有4个集团军都成一字线配置在宽达150公里的正面上，而主力从一开始就应集中在主要突击地段上。

梅列茨科夫十分清楚即将发起的进攻的困难。但是，列宁格勒极端困难的处境要求他立即开始进攻。于是在1942年1月13日，沃尔霍夫方面军发起了全面进攻。

当沃尔霍夫方面军开始行动时，列宁格勒方面军所属第五十四集团军在费久宁斯基少将的指挥下也转入了进攻，该军沿波戈斯齐那方向实施了突击。它前进了20公里。左邻的西北方面军所属第十一集团军在莫罗佐夫中将的指挥下已经开始了进攻，在南翼给德军诺夫哥罗德集团造成了威胁。当时苏军第十一集团军抵近旧鲁萨。可惜的是，它在那里停了下来，没有攻占旧鲁萨市。

沃尔霍夫方面军发起进攻后，进展缓慢。在第四集团军的地段上，德军对沃尔霍夫方面军阵地实施反冲击，该集团军被迫由进攻改为防御。第五十九集团军未能突破德军防御前沿，在原地踏步不前。只有第二突击集团军和第五十二集团军有些进展。到次日日终时，这两个集团军的突击集团渡过了沃尔霍夫河，攻占了河对岸的一些居民地。

战果最大的是安丘费耶夫上校指挥的步兵第三二七师。它把德军的分队赶出了红村，夺取了他们的坚固阵地。在该师左面，由日利曹夫上校指挥的

171

步兵第五十八旅也进展顺利。该旅经过反复冲击，攻占了居民地雅姆诺。在该旅左面，第五十二集团军的右翼兵团前出到沃尔霍夫河西岸，在这里突破了德军的防御。为了发展胜利，第二突击集团军和第五十二集团军于1月15日晨把第二梯队投入了战斗。

第二梯队投入战斗后，沃尔霍夫方面军的进攻有了起色，但未能彻底粉碎德军的抵抗。部队越前进，德军的抵抗越猛烈，双方损失都很大。

一个星期后，第二突击集团军前出到德军沿丘多沃—诺夫哥罗德铁路和公路构筑的主要防御地带的第二道阵地。梅列茨科夫命令从行进间突破该阵地，但未成功。于是梅列茨科夫把炮兵调到这里来。显然，德军指挥部感到了对它主要供应线造成的威胁，于是向斯帕斯卡亚波利斯季地域调来了预备队，同时也调来了炮兵，以及航空兵的主力。

战斗一天比一天激烈。第二突击集团军几次突破了德军的防御，但德军不惜巨大的代价，又恢复了防线。经过连续三天的冲击，第二突击集团军终于攻占了米亚斯内博尔，并在该方向上突破了德军的主要防御地带。德军指挥部为了封闭突破口，投入了各式各样的部队和分队，它们是从战线的其他地段其中包括从列宁格勒附近调来的。

与此同时，德军"北方"集团军群被迫放弃对列宁格勒攻击的准备，而转入防御。希特勒对该集团军群很不满意，1月中旬希特勒撤换了"北方"集团军群司令官冯·李勃元帅和参谋长布伦内克，由冯·屈希勒尔上将和哈塞接替。

如果说第二突击集团军还有进展的话，那么第四和第五十九集团军的进攻却未奏效。它们的冲击一次比一次弱，后来就完全停了下来。梅列茨科夫的友邻——列宁格勒方面军的第五十四集团军在弹药耗尽后，于1月17日也停止了进攻。

梅列茨科夫把情况上报后，大本营同意把全部力量转移到斯帕斯卡亚波利斯季和柳班方向。在以后的半年中，向柳班方向的进攻成了沃尔霍夫方面军整个战役的核心。从此，这一战役便以柳班战役的名称载入史册。

　　根据这项决定停止进攻的第四集团军，把作战地段扩大到第五十九集团军的位置，而第五十九集团军则向南移到第二突击集团军的后方。这样一来，在斯帕斯卡亚波利斯季方向就建立了一个由三个集团军组成的军队集团：在中央，第二突击集团军在15公里宽的正面上进攻；在右面是第五十九集团军，它在自己的左翼建立了突击集团；在左面是第五十二集团军的主力。它们还负有发展突破的任务。就这样主要突击方向绕过了德军的筑垒阵地，而苏军进攻的当前目标仍然是柳班。

　　但是，沃尔霍夫方面军经过激战遭受了很大损失：部队十分疲劳；运输工具和通信器材仍然不足；没有冲锋枪、粮秣，弹药奇缺；森林、积雪和没有道路使军队无法实施广泛的机动。

　　不久，大本营代表伏罗希洛夫元帅来到前线。他传达了大本营关于在柳班方向加强攻势的要求。过了两天，梅列茨科夫召开了方面军军事委员会会议，讨论目前的形势。梅列茨科夫认为，部队需要喘口气，在此期间要变更

冲锋的苏军战士（场景模拟）

部署，前调兵力兵器，前送弹药，整顿交通秩序。

伏罗希洛夫也了解了部队的情况，了解了进行战斗的条件，他差不多走遍了所有的集团军，在骑兵第十三军待了很长时间，和指战员们交谈，鼓励他们，向他们发出号召，鼓励他们同侵略者战斗到底。

梅列茨科夫认为，必须对战役计划做重大修改。沃尔霍夫方面军参谋长同意这个观点，于是他们于2月底向大本营建议变更军队部署，以便抽出兵力加强向柳班进攻的第二突击集团军和负责封锁列宁格勒公路和铁路的第五十九集团军。

具体说来，首先，从第四集团军抽调一个骑兵师去加强骑兵第十三军；整顿向柳班进攻的各师和受命切断列宁格勒公路的各师，给它们补充人员、武器和弹药；加强炮兵集团。

大本营答复，它不反对加强第二突击集团军和第五十九集团军，但不同意整顿进攻的各师，因为这样做就要在一定时间内使进攻停下来，它要求方面军军事委员会在任何情况下也绝对不准停止第二突击集团军和第五十九集团军在柳班和丘多沃方向上的进攻，要想尽一切办法在3月之前到达柳班—丘多沃铁路线。为了帮助沃尔霍夫方面军，大本营指示列宁格勒方面军以第五十四集团军与第二突击集团军实施相向突击，以清除德军丘多沃集团并解放柳班。

沃尔霍夫方面军军事委员会执行了大本营的指示，第二突击集团军经短暂的炮火准备后，于当天向德军的防御阵地发起冲击，以坚决的行动突破了德军的筑垒地域。为了发展突破，决定使用刚刚到达作战地域的波利亚科夫上校的骑兵第八十师和安丘菲耶夫上校的步兵第三二七师。骑兵师首先进入突破口，步兵师在骑兵师之后跟进。

但次日晨，德军在此防守的兵力和新开来的部队又重新封闭了突破口。穿过德军防线的兵团脱离了集团军主力，陷于孤立。它们在5天内抗击了德军航空兵和步兵的冲击。当弹尽粮绝的时候，它们在夜间从敌后突破了防御，并和集团军会合。

　　大本营为了帮助沃尔霍夫方面军，又下达了新的指令，指示梅列茨科夫在必要时可在每个集团军中建立突击集团。但这些突击集团建成后严重缺少人员和武器装备，也没有航空兵的支援。因此，尽管指挥员竭尽全力，这些突击集团也未能扭转局势。苏军后来在柳班方向的多次冲击都被德军击退了。

　　3月上旬，苏军第二突击集团军已经楔入德军配置纵深六七十公里，占领了丘多沃至诺夫哥罗德和列宁格勒至诺夫哥罗德两条道路之间的一大块森林沼泽地域，它的先遣部队离柳班15公里，离列宁格勒方面军的第五十四集团军只有30公里，后者是从另一个方向向柳班实施进攻的。德军重兵集团被压缩在一个口袋里，其咽喉部位宽30公里。

　　柳班地区的德军面临着被包围和被消灭的巨大威胁，接替莱布任"北方"集团军群司令的屈希勒尔急忙从列宁格勒方向和基里希方向调来了3个步兵师，东西相向朝红戈尔卡猛攻，把突向柳班的苏联红军部队包围在红戈尔卡地区。

　　在这种情况下，苏联红军无法再向前推进了，只好掉头突围，经过几天的苦战，才突出重围，夺取柳班的任务明显无法完成了。差不多同时，第五十四集团军向柳班的进攻也被德军阻止，被迫转入防御。

　　突击第二集团军部队在撤出红戈尔卡之后，自己已经无力再向柳班发动进攻了，只好在丘多沃至诺夫哥罗德和列宁格勒至诺夫哥罗德两条铁路之间的一大块森林沼泽地域固守待援。突击第二集团军下一步怎样行动？

　　沃尔霍夫方面军军事委员会想出了三个解决问题的方案：第一个方案是，请求大本营增援，哪怕只给一个集团军也好，以便趁泥泞还不太厉害的时候，取得战役性的胜利；第二个方案是，把第二突击集团军撤出已占领的地域，如情况有利，在其他方向寻机完成战役任务；第三个方案是，固守已占领的地区，待泥泞季节过后，再积蓄力量，恢复进攻。

　　梅列茨科夫倾向第一方案。该方案可利用已取得的成果，并能使冬季战局善始善终。大本营不反对梅列茨科夫的意见。这个方案的优点在于，它对

改善列宁格勒的处境有直接的影响，如果战役成功，就能解除列宁格勒的封锁。

梅列茨科夫也不反对把第二突击集团军撤过丘多沃至诺夫哥罗德的铁路和公路。梅列茨科夫认为，这个方案也是正确的，因为它可以保障该集团军的安全，并能扼守住沃尔霍夫河西岸的登陆场。第三个方案被无条件的摈弃了，因为把第二突击集团军留在森林沼泽地，在交通线十分脆弱的情况下，其供应很可能中断，最后导致覆灭。

德军统帅部好像有意证实梅列茨科夫的担心，它把新的部队包括1个步兵师和党卫军1个警察师调到了突破地段，来对付在丘多沃至诺夫哥罗德公路和铁路地域保护第二突击集团军交通线的沃尔霍夫方面军。守卫在那里的第五十九和第五十二集团军的部队，在德军猛烈的炮火和航空兵的压制下，未能顶住德军的冲击。

3月19日，德军在米亚斯内博尔以西4公里封闭了咽喉部位，从而切断了

◆ 二战时的德军（场景模拟）

第二突击集团军的交通线。

梅列茨科夫得知德军进攻的消息后，来到了部队，以便就地采取应付措施。大本营指示第五十九集团军以左翼兵团协同第五十二集团军采取行动，不让德军切断第二突击集团军的交通线，并歼灭德军反冲击的部队。战斗行动由梅列茨科夫亲自指挥。

梅列茨科夫把集团军的后方部队和机关，都拿来去加强步兵第三二七师，还从步兵第三〇五师抽调出两个支队去掩护第三二七师左翼。然后梅列茨科夫又赶到第五十二集团军，去找雅科夫列夫。

"敌人从诺夫哥罗德方面来的压力越来越大。"雅科夫列夫将军报告说，"科舍沃伊上校的步兵第六十五师抗击着敌人的主要突击，该师有集团军炮兵的支援。"

梅列茨科夫和雅科夫列夫来到科舍沃伊上校指挥的步兵第六十五师。德军对防御部队进行了强大的航空兵和炮兵突击，天空不断地传来飞机的轰鸣。沃尔霍夫方面军伤亡很大，但士气高昂。

梅列茨科夫在德军进攻的前几天就知道，以该集团军在这里担任防御的部队是难以粉碎德军的反冲击部队的，因而也不能粉碎德军的企图。因此，在查明情况和掌握了德军的兵力和企图后，他立即决定把第四集团军那个刚得到补充的师调到这个突破地段上来。在该师到达前，由第五十九和第五十二集团军在这里的部队进行扼守。

而当被撕开的缺口最终被封闭时，梅列茨科夫不得不把手中掌握的最后一点兵力，即少尉集训队的全体人员和初级指挥员教导连投入战斗。

学员们以勇猛的突击赶跑了冲向道路的德军的分队，并和从西面进攻的部队会合了。然而，学员们取得的胜利是暂时的。当日晚，第五十九集团军参谋长帕尔恩上校报告，德军再次切断了道路。

两天后，苏军预备队来了，开始肃清第二集团军交通线上的德军。这一次冲击收到了明显的效果。得到坦克加强的沃尔霍夫方面军步兵粉碎了固守的德军，并在第一天就前进了4公里。但是，德军又向战斗行动地域调来了炮

兵和航空兵，对苏军狂轰滥炸。沃尔霍夫方面军的前进速度开始降低，后来就完全停下来了。

天黑后，梅列茨科夫命令先遣师再次转入进攻，当夜恢复了原来的态势。次日，该师得到了少尉集训队和冲锋枪连的加强后，在集团军炮兵和"卡秋莎"炮兵营的支援下，又转入了进攻。

苏军实施的新的突击把盘踞在道路上的德军驱赶到南北两面去了。咽喉部位的突破口终于打通了，梅列茨科夫乘机向第二突击集团军运去了粮秣和弹药。

1942年4月23日，根据大本营的决定，沃尔霍夫方面军改编为列宁格勒方面军的沃尔霍夫战役集群。霍津上将任司令员。梅列茨科夫在离任时，向大本营建议，由于第二突击集团军疲惫不堪，以现有的编成，既不能进攻，也不能防御，它的交通线又处在德军的威胁之下，要么派出精锐部队加强该集团军，要么立即把第二突击集团军从森林沼泽地撤出来，否则，就有全军覆没的危险。

但霍津没有听从这一建议，仍然想让第二突击集团军以其现有兵力前进，此时的第二突击集团军只是在名义上是突击的，它连实施防御都有困难，更谈不上去粉碎德军的强大的抵抗了。而通过咽喉部位给它补充兵员又受到了德军的阻拦，在遭受挫折后，霍津不得不放弃了进攻，决定把第二突击集团军撤出来补充休整。

5月21日，大本营批准了霍津的计划，但由于没有预备队，再加上延误了时间，德军发现了苏军的企图，于是德军调来了新的增援部队，于5月30日转入了进攻。

德军以党卫军警察师从北面，第三十八军的第五十八师、第一二六师和第二五〇西班牙师从南面，与第十八集团军配合，向苏军突破口的两侧实施反击。到了6月5日，德军打乱了突击第二集团军的战斗队形，对其进行分割。6月6日，德军完全封住了口袋嘴，把苏军7个师和6个旅共计13万余人紧紧包围起来。

178

　　苏军突击第二集团军断绝了与外面部队的联系，粮食和弹药奇缺，它的后卫部队在德军的压力下缓慢地向东南方面退却，前卫部队想打开一条走廊，与第五十九和第五十二集团军部队会合。

　　但已经没有后备队的第五十九和第五十二集团军根本帮不上忙，他们分散在宽大的正面上，只能勉强顶住德军的进攻，使他们与突击第二集团军之间的距离不再扩大。此时，让这两个集团军的现有部队从包围圈外去缩小与被围部队的距离已不可能了。

　　梅列茨科夫紧急抽出了3个步兵旅和1个坦克营，把这点微薄的力量编成两个集群，命令他们打开一条宽1公里半到2公里的走廊，并掩护走廊两侧，以保障陷入合围的部队撤出。

　　6月10日拂晓，上述集群发起了进攻，到了傍晚，苏军却没有一点进展。梅列茨科夫再次组织力量冲击德国包围圈的对外正面。到6月19日，坦克第二十九旅和跟进的步兵终于突破了德军的防御，与从西向东南进攻的突击第

苏德战场（场景模拟）

二集团军的部队会合。

6月21日，苏军从东西两面沿丘多沃至诺夫哥罗德铁路线打开了一条宽300米至400米的走廊，突击第二集团军一大批负伤的指战员撤出了包围圈。然而不幸的是，跟在伤员后面的部队，没有按照命令去扩大突破口和巩固两侧，而是跟着伤员撤走了。

第二天，德军集中了航空兵和炮兵火力，向走廊猛攻，打开并支撑走廊的苏军顶不住德军的进攻，走廊被切断。梅列茨科夫命令第五十九集团军从西面，突击第二集团军从东面，再次沿铁路线进行相向突击。他特别命令突击第二集团军部队，毁掉全部重装备，把司机和其他专业人员全部编入战斗队，不惜任何代价把突击进行到底。突击时间定在6月23日23时。

23日23时，苏军开始行动，激战持续了一夜。凌晨，再次沿铁路线打通了一条走廊，筋疲力尽的突击第二集团军部队，步履艰难地通过走廊撤了出来。但到中午德军又控制了铁路。傍晚，第五十九集团军的部队又一次打通了走廊，顺着这条双方火力交叉射击的走廊，24日一整夜和25日早晨，又陆陆续续撤出了一批部队。

到了25日早上9时30分，德军再次封闭了走廊，而这一次是彻底封闭了。苏第二突击集团军在德军这次合围中遭到了致命的打击：虽然有约16000人突出了包围，但约阵亡6000人、失踪8000人，被俘约33000人，损失火炮约650门、坦克约770辆。司令安德烈·安德烈耶维奇·弗拉索夫被俘投降。战后列宁格勒方面军司令米哈伊尔·谢苗诺维奇·霍津被解职。

柳班战役虽然没能取得预期的结果，但是，它对1942年上半年苏德战场的形势具有积极意义。沃尔霍夫方面军在诺夫哥罗德以北的进攻，牵制了德军15个师，其中包括1个摩托化师和1个坦克师。另外还迫使德军直接从列宁格勒城下调走2个步兵师和一些独立部队，从其他战场调来6个师和1个旅，为苏军后来粉碎德军北方集团军群并解除对列宁格勒的封锁创造了有利的条件。

第二次世界大战著名将领

调任北方
将敌人驱逐出境

1942年6月，梅列茨科夫再次被任命为沃尔霍夫方面军司令，除原辖4个集团军外，还增加了2个集团军和1个空军集团军。该方面军于1943年年初与列宁格勒方面军共同突破了列宁格勒的封锁。1944年，又胜利地进行了诺夫哥罗德—卢加战役。

1944年2月中旬，梅列茨科夫被紧急召到大本营。召见的原因是撤销他所领导的沃尔霍夫方面军，军队转隶给列宁格勒方面军，而他则被任命为卡累利阿方面军司令员。

对这种变动，梅列茨科夫并不怎么高兴。因为他希望到熟悉的白俄罗斯战场去。但斯大林回答说："你对北方也是熟悉的。同时，你又有在复杂的森林沼泽地实施进攻战役的经验。何况早在1939年至1940年苏芬战争期间，你就在维堡方向指挥过集团军，并且突破了曼纳海姆防线。眼下，派一个对该战区特点一无所知，又没有在卡累利阿和极圈地区作战经验的人到卡累利阿方面军去，是不妥的，因为这会延误歼敌的组织工作。"

随后，大本营概略说明了卡累利阿方面军面临的任务：在1944年夏秋战局中，通过广泛的进攻解放卡累利阿，肃清佩特萨莫（佩琴加）地区的法西斯德军。卡累利阿方面军长期担任防御任务，军队和指挥员都没有实施大规模进攻战役的经验，因此大本营除调换方面军司令员外，还决定把沃尔霍夫方面军的指挥机关调到卡累利阿。新调去的有经验的人员一到达，就要采取积极的战斗行动。

接受命令以后，梅列茨科夫便出发到卡累利阿方面军司令部当时的所在

地白海城。几天以后，沃尔霍夫方面军的指挥机关也来到该地。在它的基础上建立了卡累利阿方面军的指挥部，到2月底便开始工作。参谋长是新上任的皮加列维奇将军。

卡累利阿方面军是在战争初期组建的，他们在这一地区坚守了将近3年。该地区从巴伦支海冰冷的水面到拉多加湖，绵延1000多公里。战线穿过极圈内地区的冻土地带和天然石林，沿着卡累利阿的无数河流湖泊、森林和沼泽南下，屏护着从摩尔曼斯克、白海直至基洛夫铁路的各条道路干线。

卡累利阿方面军的布防情况是：在摩尔曼斯克方向是第十四集团军，在坎达拉克沙方向是第十九集团军，在乌赫塔方向是第二十六集团军，在梅德韦日那戈尔斯克方向是第三十二集团军，在斯维里河沿岸是第七集团军。各集团军的阵地基本上都屏护着道路和便于军队通行和机动的道路邻近地带。各阵地之间是一片被天然石林、原始森林和泥泞沼泽覆盖的渺无人烟的荒漠。与苏军对峙的北段是德军第二十拉普兰集团军所辖各军，南段是芬兰军队。

通过研究地形和敌情，与各集团军司令员、军长和师长会面，梅列茨科夫认为，集中主力的最有利方向是坎达拉克沙，从该方向可把第二十拉普兰集团军分割成两个相互隔绝的集团；辅助突击最好在摩尔曼斯克方向实施。

方面军司令部的意见是，必须选择对难以通行的地形上的敌防御阵地的暴露翼侧实施深远迂回作为基本的机动样式，并派出为此目的而受过专门训练的部队实施。

但是，既要在坎达拉克沙方向，又要在摩尔曼斯克方向建立必要的进攻集团，仅靠他们自己的兵力是不够的。因此，2月28日，梅列茨科夫在向大本营上报战役企图时，请求给方面军增派兵力。

大本营同意方面军上报的解放北部边疆的计划，并指示不必等待命令，立即开始战役准备。各部队立即加紧准备各个方向的进攻行动。方面军接受任务后，整修了道路，构筑了预备发射阵地和辅助观察所。在个别地点，部队还进行了局部的战斗行动，以便取得有利的出发地位。通过协调，在坎达

拉克沙方向和摩尔曼斯克方向的军队，依靠从方面军其他地段调来的部队，逐步得到加强。

为了在通行困难的地段实施进攻，梅列茨科夫命令把各海军步兵旅、独立滑雪旅和独立滑雪营新编组成轻步兵第一二六和第一二七军。这两个军与主力兵团不同，其所属分队既没有汽车，也没有马车，步兵重武器、火炮、迫击炮、通信器材、弹药都靠驮载输送。

部队练习了在山林地战斗的本领，练习了以自身力量铺设急造军路和在没有道路的情况下实施深远迂回的技能。各司令部研究了预定的行进路线，仔细考虑了行军纵队的编成，探讨了最合理的物资配备方案和有效的保障方法。

4月和5月，苏军各集团军的领导人、方面军首长组织了战役战术导演，在导演中推演了即将进行的战斗行动进程。然后，各师实施了一连串观摩战术演习和首长司令部导演，各师长、团长、参谋长和作战科长都参加了集训。

5月30日，大本营给卡累利阿方面军下达了任务：把芬兰军队赶出南卡累利阿。6月3日，梅列茨科夫和参谋人员来到了预定渡过斯维里河实施主要突击的第七集团军，并在洛杰伊诺耶波列地区从河南岸进行了现地勘察。

纳粹军队彻底破坏了该城。原来街道所经之处，现在是一人深的堑壕。在房屋的砖石废墟下，则是观察所和避弹所。芬军的防御依稀可见，沿着对岸是弯弯曲曲的堑壕，河中坚立着缠着铁丝网的桩砦。

现地勘察后，方面军首长定下了最后决心：沿拉多加湖北岸向奥洛涅茨、萨尔米、皮特凯兰塔和索尔塔瓦拉方向实施主要突击。这包含三方面的意义：在战术上，能同切罗科夫海军少将的海军区舰队协同动作；在战略上，合围在奥涅加湖以此作战的芬军；因政治上，能取捷径前出到苏芬边境。在这个方向上有重兵器可利用的道路，攻击筑垒地域时通常要用重兵器。在洛杰伊诺耶波列与萨沃泽罗湖之间，在奥洛涅茨丘陵地之间，有恰索文纳亚山。方面军把辅助指挥所设在山上，从这里对战役实施指挥。

斯维里河涨水后有的地方宽达半公里。交战将在斯维里河上开始。军队接受的任务是：分割斯维里—彼得罗扎沃茨克敌军集团并强渡斯维里河。

6月9日，梅列茨科夫同集团军军事委员会委员什特科夫被召至克里姆林宫。斯大林告诉他们，列宁格勒方面军必须突破芬兰防线，但他们需要援助。为此目的，卡累利阿方面军必须迅速粉碎斯维里—索尔塔瓦拉敌军集群。战役准备不得超过10天。拟定完成任务的方案，要在出席这次谈话的华西列夫斯基、朱可夫和安东诺夫参加下在大本营进行。

当时，卡累利阿方面军的所有预备队部队都已集中在摩尔曼斯克和坎达拉克沙方向。在洛杰伊诺那波列地域只有第七集团军的1个步兵军和2个步兵旅。为了实施战役，苏军预先已准备了容纳补充兵力的战场：挖好了3个步兵军的堑壕和炮兵发射阵地。但是，突破筑垒地带需要3个步兵军，而用于随后的发展突破，还需要1个步兵军。另外，还需要1个突破炮兵师和1个轰炸航空兵师。

当梅列茨科夫报告了全部情况时，斯大林说："你已经有一个步兵军；我们再给你两个步兵军，再给一个炮兵师。至于航空兵师，将指示空军元帅诺维科夫派列宁格勒方面军的航空兵向配置在你们当面的芬军出动一两次。他将去你处协商。"

梅列茨科夫当场坚持请求再给一个步兵军用于发展突破，斯大林最后

同意了。

  梅列茨科夫高高兴兴地出发到了第七集团军指挥所。克鲁季科夫和所有兵种首长都已到了该地。梅列茨科夫听了集团军司令员的报告后，便下了最后决心：首先强渡斯维里河，夺取从洛杰伊诺那波列到马谢利加地段的基洛夫铁路，解放奥洛涅茨和彼得罗扎沃茨克两市。

  主要突击仍像原先决定的那样，由第七集团军向索尔塔瓦拉方向实施。同时，第三十二集团军向梅德韦日耶戈尔斯克，尤斯特湖方向与第七集团军

苏军在战场上（场景模拟）

相向实施辅助突击，由北面迂回彼得扎沃茨克的芬军集群。这样，通过两个向心突击，就能消灭南卡累利阿之敌。

最艰难的地段仍然是350米宽，8到11米深的斯维里河。拦河有一座斯维里3号大型水利枢纽，坝高18米，贮水1.25万立方米。这就加重了部队的任务。当前，由于任务的需要，必须从水利枢纽的下游克服这个水障。如果芬兰人打开闸门怎么办？那时河水汹涌而下，渡河将告破产。梅列茨科夫对战役计划做了修改，决定在适当的时候炸毁这个水闸。

第七和第三十二集团军的当面之芬军分别有7.6万人、580门火炮和5.4万人、380门火炮。苏军决定把该集团分割成几部分，向战役纵深前进200余公里，大约在40天内消灭该敌，前出至苏芬边界。

卡累利阿方面军南翼军队将在1944年6月22日前一天开始进攻。列宁格勒方面军则提前10天便在卡累利阿地峡发起了进攻。他们在短时期内突破了德军的强大筑垒工事，攻占了维堡市，恢复了战前的国界，这就方便了卡累利阿方面军完成斯维里—彼得罗扎沃茨克战役的任务。

6月21日11时45分，苏军的炮火准备开始了，一批批轰炸机同时袭击了芬军阵地。在持续三个半小时的爆炸声中，一个个团队在静静地等待着。在刹那间的闪光中，密密麻麻的铁丝网障碍物变成扭曲的构件和碎片在眼前飞起，随后又堕入灰蒙蒙的烟雾中，当河上、湖上的烟雾最终消失后，左方便显露出连接拉多加湖的低洼旷野。

炮火准备又进行了75分钟后，侦察梯队用了5分钟就在4公里宽的地带渡过了斯维里河，并在芬军障碍物中开辟了通路。被拔掉了牙齿的芬军惊慌失措。就在他们的眼皮下，200辆水陆两用汽车和其他浮游器材下了河，几个航次就把米罗诺夫将军的近卫第三十七军的战士们送上了对岸，近卫战士们突破了芬军防御，扩大了登陆场。

当天色黄昏，太阳下山时，苏军工兵已架好2座桥梁和20座门桥。接着，主力和坦克投入了战斗。

这时，第三十二集团军也转入全面进攻。有些兵团进展得较快。第

三一三师于6月21日凌晨便悄悄地强渡了白海—波罗的海运河，随后攻占了波韦涅茨市。该师战士们利用林中小路向梅德韦日那戈尔斯克迅速前进。

当第七集团军的坦克隆隆地开上斯维里河上的门桥时，第三十二集团军已进入平杜什市。第三十二集团军以其左翼继续从北转向奥涅加湖，其中央向前延伸，这样就扩大了登陆场。集团军预备队向彼得罗扎沃茨克方向不断发展胜利。

奥涅加湖的各个湖湾伸向西北，吞没了这里的广大幅员。湖湾所到之处常有冰川流过。过去，卵石和冰块曾一度向前涌动，汹涌地汇入灰色的湖水中。原来的森林王国变成了水乡，又出现许多沙洲。往西100公里，沼泽地逐渐被丘陵代替，波罗索泽罗湖就在这里，丘陵地南缘与曼谢利基梯地相连。现在，苏军第三十二集团军的战士们正是沿这两个方向迅速前进。

通过卡累利阿首府的口子终于形成了。从彼得罗扎沃茨克到苏奥耶尔维的铁路是穿过这个口子的大动脉，但苏军航空兵通过密集空袭已炸毁了这条铁路。第七集团军从南面推进。芬军仍指望固守奥涅加湖西岸，但奥涅加湖区舰队往这里输送了登陆兵。

到6月28日，苏军一个旅攻占了彼得罗扎沃茨克。当戈列连科的第三十二集团军由北向南屡战屡进的时候，克鲁季科夫的第七集团军也沿拉多加湖湖岸迎头前进。最初战线截断了这里的斯维里河河床。斯维里河从奥涅加环形运河延伸，直到新拉多加运河。

第七集团军左翼的堑壕与河湾重叠，而右翼的阵地则离开河床，向南退缩。当强渡斯维里河时，第七集团军左翼一面扩大登陆场，一面向西北前伸。这里又是苏军的主要突击方向。这时，右翼刚接近到斯维里河。河流与战线相互交叉，而在波德波罗日耶就形成了直角。苏军为占领该地付出了代价，但防线终于崩溃了。

当时，芬军死守着拉多加湖湖岸，在奥洛涅茨筑垒地域对苏军的进攻抵抗尤为凶猛。当时拉多加湖区舰队在奥洛涅茨以北输送了登陆兵，切断了芬军的交通线。当芬军第五军仓促从原防御地区撤退时，芬军指挥部又把从

波德波罗日耶地段撤下的师用于实施翼侧突击，企图截击苏军攻击的步兵部队。

另一方面，萨尔米亚格沼泽又挡住了通往奥洛涅茨的道路。连在本国已经习惯了沼泽湖溏地区生活的芬兰人也认为这里的地形是无法通行的。但苏联士兵在芬军的火力下在这里修筑了道路。后来，他们又不断修整了这条路，克服了沼泽，并尾随敌后突入敌筑垒地域的后方。

当芬军从奥洛涅茨沿拉多加湖湖岸向皮特凯兰塔撤退时，苏军登陆兵在其后方上陆。这时，双方发生了多次激战。在战斗中，海军步兵表现得十分出色。6月23日，拉多加湖区舰队输送海军步兵第七十旅在图洛克萨河与维德

◆ 苏军在战场上（场景模拟）

利察河之间地区上陆，切断了通往皮特凯兰塔的道路。

芬军为了把苏军登陆兵赶下湖，便向登陆兵占领的登陆场猛烈射击，随后发起反冲击。此时此地，苏军只有库克上士指挥的步兵第二连一个班正在佩斯恰纳亚高地附近挖战壕。在他们与友邻第三连之间，有一个150米宽的间隙。芬军一个营正向这个间隙前进。

看见芬军即将逃走，库克上士和战士巴根两名苏联军人毫不犹豫地扔下镐铲，拿起机枪同敌人战斗。他们两人巧妙利用工事，打退了芬军4次冲击。当巴根负伤时，库克冲上前去，用手榴弹消灭了芬军火力点，占领了高地的支撑点。这时，库克上士离苏军前沿还有500米。巴根包扎好伤口，跟在库克

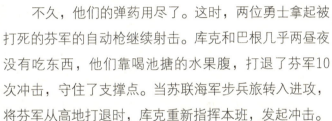

身后，爬进了堑壕。

不久，他们的弹药用尽了。这时，两位勇士拿起被打死的芬军的自动枪继续射击。库克和巴根几乎两昼夜没有吃东西，他们靠喝池塘的水果腹，打退了芬军10次冲击，守住了支撑点。当苏联海军步兵旅转入进攻，将芬军从高地打退时，库克重新指挥本班，发起冲击。

战斗结束后，苏联最高苏维埃主席发布指令，授予库克苏联英雄称号。战士巴根也荣获了政府的崇高嘉奖。后来，在极圈内地区作战时，库克指挥一个排，又获得了红星勋章。

6月24日，苏军在全线强渡斯维里河。当天，莫斯科为卡累利阿方面军施放了礼炮，庆祝它在3天作战中解放居民点200余个。卡累利阿方面军的官兵对给予他们荣誉有理由感到自豪，因为他们把芬军赶出了早在战争开始时就被他们占领的地区。

6月底，基洛夫（摩尔曼斯克）铁路全线的芬军已被肃清。战役第一阶段结束了。列宁格勒州和卡累利阿的800个居民地在过了3年以后又重新飘扬起红旗。

189

进军北极圈
驱逐侵略者

卡累利阿战役结束后，消灭北方德军的准备工作又重新开始了。方面军辅助指挥所急忙转移到坎达拉克沙，第七集团军的一些兵团也调到该地。由此，苏军在极圈内地区部队得到加强，而德军由于芬兰从苏联领土上撤走了自己的军队却相对削弱了。现在，德军第二十拉普兰集团军的南翼暴露了。于是，梅列茨科夫拟定计划，决定实施正面突击，并插入德军后方，实施合围突击。

9月7日，德军指挥部由于害怕苏军向其山地步兵第十八军翼侧前出，开始将该军撤离乌赫塔方向。斯克维尔斯基将军把这一情况报告给方面军司令部后，梅列茨科夫立即下令追击。早在一天前，梅列茨科夫就已下令第十九集团军把部分主力前调到德军第三十六军的后方。

方面军司令部周密研究了预定的行进路线，仔细考虑了铺设急造军路的各种问题，行军纵队的编成、行车的保障与警戒等问题。为了使铺设急行军路的工作不致耽搁，每个纵队的先头都配有工兵。给各个先头步兵分队都发放了斧头、工兵锹、钢锯和钢钎。出发前，后勤部门还给所有战士都补助了应急储备食品，增加了子弹和手榴弹储备。因为在皮亚奥泽罗湖、奎托湖地区的山林地内，在几乎完全没有道路而航空兵又忙于在别处作战的情况下，部队脱离了后方，其补给将成问题。

第十九集团军前进到一个高地。它通过难走的地形完成了将近100公里的行军，9月12日凌晨，出敌意外地深远迂回了德军阵地，切断了交通线。集团军在北地段实施同时突破，又在南面辅助方向上实施迂回，从而使德军受到

被围歼的威胁。法西斯德军由于害怕全部被围，便急忙放弃阵地，丢掉物资和装备，向芬兰北部撤退。

梅列茨科夫得知第十九集团军已截断凯拉勒地区的道路后，便立即用直通电话将这一情况报告了第一副总参谋长安东诺夫大将。但是，到夜间，梅列茨科夫收到的电报却说，无论如何不能同德军的退却部队打硬仗；不能由于深远迂回把自己的部队拖垮；消灭敌人主要靠沿敌退路配置好的火器。

梅列茨科夫不理解大本营为什么不让采取进攻行动合围德军第三十六军。大本营解释说：眼下最重要的是保存力量，完成极圈内地区的首要任务，即解放佩琴加地区。北极地区对德国具有重要意义，那里有镍矿场，有海空军基地，活动在苏联海上交通线上的潜水艇和飞机都集中在那里。德国人并不打算从那里逃走，我们必须用武力赶走他们。而追击德军第三十六军就要消耗预备队，没有预备队就不能在摩尔曼斯克方向发起战役。

大本营还解释说，目前还抽不出兵力支援梅列茨科夫，而且还不排除在近期内从他那里抽部分兵力，调到西方向的可能性，大本营需要的部队恰恰是眼下正在追击德军的第十九和第二十六集团军的那些兵团。

也就是说，梅列茨科夫必须把位于卡累利阿方面军中央地区的兵力为其他方面军保存下来，而他们自己则要考虑，如何把步兵第三十一军尽快从坎达拉克沙调往摩尔曼斯克，以便趁沿芬兰内地撤退的德军兵力赶来之前，解放北极地区。

到9月17日，第二十六集团军已前出到战前的苏芬国界，到9月30日，第十九集团军也肃清了苏联境内的德军。

现在，从拉普兰的峭壁到拉多加湖的洼地，几乎整个苏联国界都已光复。只有北极地区仍被德军盘踞，德军山地步兵第十九军依靠钢筋混凝土和石质坚固工事作掩护，驻守在那里。

在3年期间，德军在该地建起了拉普兰防御要塞。芬兰此时已经退出战争，德国人缺少了帮手，只好拼命增修防御工事。侦察表明，德军的专业建筑部队正在夜以继日地钻凿岩石，修造新的钢筋混凝土和装甲火力点与掩蔽

工事，挖掘堑壕和交通壕。

在苏军当面90公里长的战线上，布满了桩砦和防坦克壕、密集的地雷场和铁丝网障碍物，这些工事切断了所有的山垭口、谷地和道路。各制高点都变成了真正的山地要塞。此外，朝海方向有配置在掩体内的岸炮和高炮掩护。各筑垒工事之间有无数的河湖、峭壁、沼泽与泥潭。

德军企图依托防御要塞，阻止苏军进入挪威，保护其巴伦支海的基地。佩特萨莫—基尔克内斯德军集团共有约5.3万人、770门火炮和迫击炮、160架飞机和45艘军舰。

苏军截获的德军山地步兵第二师师长杰亨中将在命令中引用希特勒的命令说：无论如何也要守住北挪威的阵地，特别是镍矿开采区。命令写道：

我们可以让俄国人向坚固筑垒的支撑点猛攻，然后通过反突击将他们消灭。一切有利条件都在我们一边。我们有作好反突击准备的快速预备队，能在敌人被我支撑点的致命火力打得流尽鲜血的时刻实施突击。尽管芬兰在政治上背叛，我们仍奉命守住防线。这表明，防线必能守住。你们知道，必须这样做的原因是：我们需要科洛希奥基的工厂加工的镍和铜。在最近几天，这里的冶炼炉将重新冒烟。此外，我们恰恰要在这里告诉俄国人，德国军队还存在，并将守住俄国人无法攻克的阵地。

德军还继续从陆地、空中和海上往北极地区赶运增援。据苏军前方侦察员送来的报告，德军佩特萨莫与基尔克内斯之间地区的兵力正迅速增多。梅列茨科夫认识到，此仗必须速战速决，动作缓慢是不利于自己的。

在准备进攻的过程中，苏军多次讨论了使用方面军作战兵力的各种最佳方案。多数人赞成快速行动，但也有反对意见。有的人断言，在极圈内地区无法实施大兵团和重装备的机动。当年德军发动战争后向苏联领土推进最不顺利的地方就在这一地区。

第二次世界大战著名将领

在极圈地区以北的濒海高原上，部分海面虽不封冻，但却十分寒冷。那里有时而从海上向内陆刮来摩尔曼斯克夏季所特有的强风，以及越来越强的冬风。在秋季的恶劣天气里，则是雨雪交加，常常一夜之间便满地冰霜。地表的深处是一片片永久冻结的小洲。

周围是一个挨一个的湖泊，水光闪濯。湖间的沼泽里杂生着草丛、苔藓和低矮树丛。灰色的泥炭地已被挖出条条深沟，沟里满是清澈的冰水。有些地方耸立着一个个光秃秃的巨大石峰。湍急的河流在各石峰之间穿过，基本上都是由西南向东北流去。同大陆性气候的更寒冷地区相比，人员在这里更感寒冷。

在这种环境下，不仅人会冻伤，就是车辆也会上冻，给发动机升温十分困难。油料消耗大大超过标准，而此时油料本来就不足，这就明显降低了使用技术兵器的可能性。

尽管如此，为了打败德国人，仍然需要作战。苏军当前战役计划的基本设想是，以主力对德军第二十拉普兰集团军和主要坚固工事实施翼侧迂回，在恰普尔湖以南实施突破。尔后，方面军各主要兵团和北方舰队的军舰实施机动，在佩特萨莫地域围歼德军集团，以便将德军逼向海岸并切断他们同挪威港口的联系。

通往佩特萨莫的道路共有四条。一条是利纳哈马里往北，直到佩特萨莫河口；另一条道路起于西面的挪威港湾托尔内特；第三条路来自东面位于德军阵地中央的季托夫卡列卡村；第四条路来自南面，它同另几条路形成一个道路枢纽，把佩特萨莫同卢奥斯塔里沟通起来。正是这个道路枢纽引起苏军重视。

梅列茨科夫认为，必须突向卢奥斯塔里，插入敌后并从那里把德军的兵力引出防御要塞，这样就能用陆军部队和海军步兵从3个方向实施联合突击，攻克要塞。然后，再从卢奥斯塔里向佩特萨莫、挪威国土、尼克利和瑙齐三个方向发展胜利。这些地区有德国的重要工业基地和通向基地的道路。战役的最终目的，是彻底肃清苏联北方国土的敌人，并支援挪威的解放。

193

按照梅列茨科夫的计划，苏军的主要突击指向卢奥斯塔里，由第十四集团军第九十九和第一三一军以及轻步兵第一二六和第一二七军实施。后两个军应通过冻土地带实施深远的迂回机动，切断德军的交通线。到达卢奥斯塔里地区后，近卫坦克第七旅向佩特萨莫方向投入战斗，阻止德军向挪威撤退。

战役计划上报到大本营，立即得到批准。北方舰队受领的任务是：封锁

苏军在战场上（场景模拟）

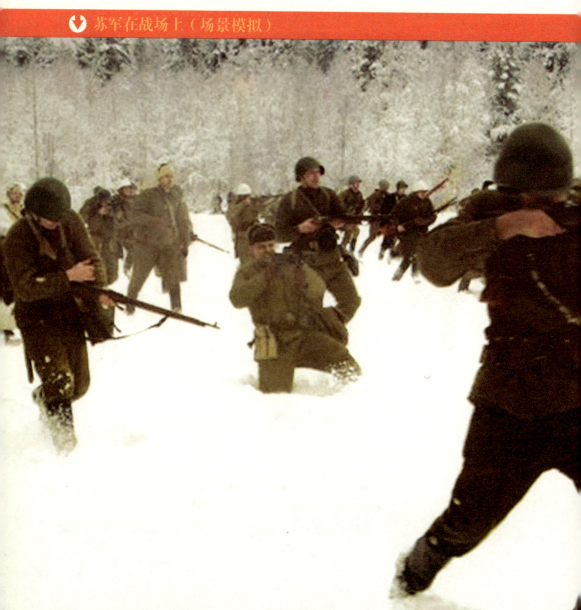

德军占领的海岸，切断佩特萨莫德军集团同海上的联系；配合第十四集团军分割敌防御，攻占各港口；海岸炮兵和军舰对地面部队在濒海地段的进攻实施火力支援。为了协商联合行动，北方舰队司令员戈洛夫科和军事委员会委员尼古拉耶夫于9月29日来到方面军指挥所。

他们决定：编入北方防御地区的各海军步兵旅在斯列德尼半岛地峡突破德军防线，尔后切断德军从基本防御地区沿西利察河的退路，最后，只有当

第十四集团军突破德军主要防御地带时，再向佩特萨莫实施进攻。此外，北方舰队还要保障登陆兵的上陆和从摩尔曼斯克给第十四集团军输送预备队和补给品。

10月7日清晨8时，随着一阵巨响，飞蝗一样的炮弹射向对岸。苏军开始发动攻击了。炮火准备结束时，整个大地都被浓烟笼罩。随后又飘起了薄薄的雪花，空中的能见度已被完全湮没。10时30分，炮兵准时向纵深延伸，几分钟后，"乌拉！"的喊声便传遍了荒漠。这是步兵发起了冲击。

第一三一军第一天就到达了季托夫卡河。第九十九军起初发展不太顺利，未能攻占德军主要防御地带的各支撑点。他们的第一梯队步兵分队一发起冲击，就遭到猛烈射击，被迫卧倒。苏军现场指挥米库利斯基少将发现白天攻击困难，就决定夜间实施突击。24时整，苏军士兵们再次发动攻击，这一次法西斯德军顶不住了。晨8时，苏军攻占了德军前沿。

10月9日傍晚，梅列茨科夫用直通电话同戈洛夫科联系并转告他，从斯列德尼半岛进攻的时

机到了。同时，梅列茨科夫命令集团军司令员谢尔巴科夫让皮加列维奇中将的军队集群出动。该集群下辖的各兵团配置在西利察河以东，即德军突入苏军领土最深、妄图进到摩尔曼斯克之处。皮加利维奇的军队集群在大雪中转入进攻。当夜，海军登陆兵在马季乌奥诺海湾上陆，他们翻过穆斯特一童图里山，分割了德军部分兵力后，向佩特萨莫推进。

不久，左翼也传来了佳音。轻步兵第一二六军在索洛维约夫上校指挥下在那里实施迂回机动。所有金属装具预先都已包扎好，火炮、迫击炮和机枪都用马和鹿驮载。各部队静悄悄地行进。强渡河流是十分艰苦的。战士们背着武器和弹药在齐腰深的冰水中走过。在通往库奥尔普卡斯峰的接近地，战士们像登山运动员一样，沿着荒瘠光滑的石山，鱼贯前进。

在艰难地带进军的第四天，第一二六军克服困难，抵达了佩特萨莫—萨尔米雅尔维道路和卢奥斯塔里以西，并切断了道路。德军发现丢掉了通向南方的主要交通线，便使用现有的一切力量，向第一二六军扑来。德军赫利特泽尔中将回忆说："所有摩托化部队、所有能搭载运输车辆的部队，都强行军，赶往科洛希奥基地区。"

后来，在苏军步兵当面还出现了"挪威"自行侦察旅、机场勤务营以及德军其他许多部队和分队。他们密密麻麻、不顾一切地向苏军阵地涌来。苏军则沉着应战，英勇顽强地打退了德军疯狂的进攻。然后又急行军，切断了从佩特萨莫到托尔内特的第二条道路。现在，德军北方集团已丧失了最后的陆上交通线。

轻步兵第一二七军在A·朱可夫少将指挥下尾随友军前进。夜间，该军夺占了卢奥斯塔里的机场，随后与第九十九军第一一四师配合肃清了该居民地的德军。由于海军步兵和皮加列维奇集群各兵团正由东向佩特萨莫接近，第一三一军由南挺进，海军步兵第七十二旅在西面监视德军。

10月13日，北方舰队登陆兵攻占利纳哈马里港湾以后，便由北对德军造成威胁。现在，坚守佩特萨莫的德军已被四面包围起来。战斗很快打响了。经过两天激战，在佩特萨莫上空也飘起了红旗。

　　德军残余部队突围后，向挪威北部逃窜。退却中，他们炸毁了桥梁、道路涵洞；捣毁了路侧岩壁，堵塞了通道；甚至还动用飞机轰炸路基；在道路上埋设地雷。不仅如此，为了迟滞苏军前进，以便在挪威北部和尼克利地区组织两个新的防御地区，德军还派出后卫部队依托预有准备的有利地形，伏击沿途的追击部队。

　　此时，苏军面临着双重任务：一是彻底消灭尼克利地区的法西斯德军，夺取德国最重要的工业区；二是对挪威北部的德国海军基地实施突击，把挪威居民从占领军的压迫下解放出来。这意味着红军必须越过挪威国界。

　　在尼克利地区，由德国将军弗格利指挥的军队集群负责防守。弗格利把从卢奥斯塔里撤退来的和从芬兰转移来的部队和分队收拢到一起，企图按照柏林的旨意，尽可能长期地坚持抵抗。然而，卡累利阿方面军只用了一个礼拜就到了尼克利，又用了5天时间就打通了库奥尔普卡斯山与瑙齐之间80公里的荒凉、多石的沼泽地。

　　10月27日，苏军阿布萨利亚莫夫少将的第三十一军从东，轻步兵第一二七军从北突入了瑙齐。南面就是已退出战争的芬兰。

　　要对付挪威北部的德国基地就比较复杂了。梅列茨科夫到达挪威边界后，立即把情况报告了斯大林，并请求批准打过国界。同时，梅列茨科夫还陈述了方面军首长关于夺取德军在该地的主要海空军基地基尔克内斯的方案。

　　斯大林听了说："这个方案很好！"便批准了作战计划。

　　在挪威境内的作战就这样开始了。当时，挪威是苏联红军从希特勒枷锁下解放的第七个国家。

　　10月22日，第一三一军打响了夺取托尔内特市的战斗。同时，海军步兵在舰炮的支援下扫清了海岸地带。德军不久便开始向希尔克内斯撤退，途中他们设置了各种障碍并破坏了道路。

　　通往基尔克内斯的道路埋了大量地雷，海湾的吊桥也被炸毁。德军还以火炮、迫击炮的火力阻挠苏军排雷，迟滞苏军的前进速度。在这种情况下，

197

苏军决定用水陆两用汽车和渔船强渡亚尔湾，绕过德军。

但海湾两岸是陡峭的岩石，想找到一个入水处颇不容易。不过，经过努力，苏军的水陆两用汽车终于还是下了海湾。德军发现苏军的意图后，开始开枪开炮，炮弹在两用汽车的前方和右侧爆炸，车旁涌起大浪，炮弹炸出的漩涡打着转。但同行的渔船却显得比轻型水陆两用汽车稳当多了。有几辆水陆两用汽车被打翻沉没了。乘坐两只摩托艇出海的挪威爱国者立即跳入海中，他们不顾德军的枪林弹雨，救起了被击毁的水陆两用汽车的乘员，并把他们送上了对岸。

后来在强渡埃尔维涅斯海湾时，苏军只好重新想办法，第十四师用木筏建起了登陆渡口，当地居民也纷纷前来支援。

10月25日晨9时，苏军先头部队突入基尔克内斯。眼前一片凄凉景象：德

苏联战争纪念碑（雕塑）

军撤退时炸毁了所有港口设施，破坏了办公大楼和住房。只有城郊某些地方的小房奇迹般地保存下来。当枪声停息，恢复了平静时，为了逃避法西斯匪徒而被迫躲到山洞里的城市居民，才陆续出现。

基尔克内斯的居民兴高采烈地欢迎了苏联军人。令人感动的是，这些平时沉默寡言的北极人都热泪盈眶地拥抱了苏联军人。姑娘们还主动照顾受伤的苏军战士，小伙子们也忙着把他们送往医院。

内登是卡累利阿方面军到达的最后一个居民点。苏军到达这里后，战斗已基本结束，少量溃散的德军已没有必要动用大部队去清剿，因为挪威抵抗运动战士就足以对付他们。

再往前就是遍布海湾的荒凉的山区。极夜就要来临，暴风雪已经开始，路上满是积雪和几乎无法克服的雪堆。派往西北方向的侦察员报告说，前方

行动极端困难，已经看不到德军。

10月28日，梅列茨科夫主持召开了方面军军事委员会会议，与会军事首长一致认为，战役已经结束。卡累利阿方面军和北方舰队受领的任务已全部完成，法西斯德军已被消灭，其残余部队已被赶出苏联北方。不仅如此，苏军还支援了挪威的解放。

10月29日凌晨，梅列茨科夫打电话给大本营，报告了方面军军事委员会关于结束战役的决定。

斯大林拿起电话回答说："好吧，我们将讨论你们的建议。你们认真地分析了各方面的情况，再考虑一下可能出现的具体问题，傍晚作出最后报告。"

梅列茨科夫和副司令员弗罗洛夫以及集团军司令员谢尔巴科夫在第十四集团军指挥所再次研究了形势。一切表明，继续军事行动是徒劳无益的。会后，梅列茨科夫乘飞机到了摩尔曼斯克。

佩特萨莫—基尔克内斯战役就这样结束了，为了庆祝极圈内地区军人们的胜利，莫斯科放了3次礼花：第一次是在10月15日庆祝解放佩琴加；第二次是在10月25日庆祝苏军越过挪威国界，继而攻占基尔克内斯；第三次是在11月1日庆祝卡累利阿方面军彻底肃清佩琴加地区的法西斯德军。

为了纪念1941年至1944年北极地区取得的胜利，苏联最高苏维埃主席团颁发了"保卫苏联极圈内地区纪念章"。在铜质纪念章上标有一名身穿短皮袄、头戴遮耳冬帽、手持冲锋枪的苏军战士，战士身后画有军舰、飞机和坦克。这枚纪念章铭记了苏军战士艰苦而光荣的业绩。

1944年12月6日的《真理报》写道：

保卫北极地区的英勇事迹，将作为最光辉、最值得纪念的一页载入史册。1941年秋，在那里敌人被阻止住了。在有的地方，敌人在整个战争期间都未能跨过我国的国界……

　　挪威人民高度评价苏联红军为解放他们的国家所做出的贡献。挪威国王哈康七世在1944年10月26日的广播演说中说：

　　　我们有许多证据说明，苏维埃俄国政府和人民对我国是友好、同情的。我们一直激情满怀地注视着苏联为反对我们共同敌人而进行的英勇、胜利的斗争。每个挪威人的义务是，给我们的盟友以最大的支援。

　　解放北极圈的战斗结束后，梅列茨科夫又于1945年8月指挥远东第一方面军参加了"八月风暴"行动，迅速歼灭了日本关东军主力，获得了苏联最高军事荣誉——胜利勋章。

图书在版编目（CIP）数据

　　将星纵横：第二次世界大战著名将领 / 胡元斌主编
. ——北京：台海出版社，2013.8（2021.5重印）
　　（第二次世界大战纵横录）
　　ISBN 978-7-5168-0250-2

　　Ⅰ.①将… Ⅱ.①胡… Ⅲ.①第二次世界大战—军事
家—生平事迹 Ⅳ.①K815.2

　　中国版本图书馆CIP数据核字(2013)第188570号

将星纵横：第二次世界大战著名将领　　第二次世界大战纵横录

主　编：胡元斌　严　锴

责任编辑：姜　航　　　　　　　　装帧设计：大华文苑
版式设计：大华文苑　　　　　　　责任印制：严欣欣　吴海兵

出版发行：台海出版社
地　　址：北京市东城区景山东街20号　　邮政编码：100009
电　　话：010—64041652（发行，邮购）
传　　真：010—84045799（总编室）
网　　址：www.taimeng.org.cn/thcbs/default.htm
E-mail：thcbs@126.com

经　　销：全国各地新华书店
印　　刷：北京九天鸿程印刷有限责任公司
本书如有破损、缺页、装订错误，请与本社联系调换

开　　本：710×1000　　　　1/16
字　　数：210千字　　　　　　　　印　张：13
版　　次：2014年1月第1版　　　　印　次：2021年5月第4次印刷
书　　号：ISBN 978-7-5168-0250-2

定　　价：48.00元